尾河眞樹

為替ってこんなに面白い!

幻冬舎新書
731

まえがき

「為替の動きって、わかるような、わからないような……本当に複雑だよね」

「一般の予想と逆に動いたりするのは、なぜ？」

「円高や円安の動きが速すぎて、投資するのが少し怖い」

最近、こんな声をよく耳にします。筆者は長い間外国為替市場に親しんできましたが、2022年以降の急激な円安と、政府・日銀による24年ぶりの円買い介入など、めったに見られない大相場がここ数年続いているため、個人投資家の方々が不安に感じるのも頷《うなず》けます。

2024年から始まった新NISAの影響で、為替が関係する海外の株・債券などの資産や、これらが含まれる金融商品に投資をする人の割合はとても増えています。

一方で、冒頭に書いたように、為替や投資に対して何となくモヤモヤした疑問をたくさん持っていて、海外への投資に興味はあるけれど、ためらってしまう人も少なくないようです。

また、為替についてのニュースを見ていても、「なんでこんなに動くの？」または「この円安（または円高）の何が問題なのか？」と疑問に思ったことはありませんか？

そこで本書では、新ＮＩＳＡなどの資産運用を機に、為替に興味を持った人が感じるであろう素朴な疑問から、為替と株価や金利の関係、経済のしくみなどについて楽しく学んでいただけるよう、実際にインタビューを受けたうえで、会話形式でまとめました。**テンポよくスラスラ読める一方、為替や経済、投資などの重要な肝《キモ》はすべて押さえてあります**。たとえば為替の動きについては、理論通りにいかなかったり、一般の予想と逆の動きをすることがあります。なぜそのようなことが起こるのか、経済が苦手な人でも理解できるよう、かみ砕いて解説しています。

そして読み終わる頃には「為替ってこんなに面白かったんだ！」と本書のタイトル通りの感想を持っていただけることを目指しました。

同時に、**本書が経済におけるさまざまな〝相場観〟を磨く一助になれば**、と考えています。

２０２４年の東京株式市場では、日経平均株価が１９８９年のバブル期の最高値を34年ぶりに上回りました。また4月29日には一時的に１ドル＝１６０円台まで円安が進みましたが、こちらも34年ぶりのことです。

長年のデフレから、ようやくインフレになりつつありますが、この変化に適切に対応するには、為替や経済についてよく理解する必要があります。

本書をきっかけに、一人でも多くの方が為替や経済に、より興味を持っていただければ、著者として嬉しく思います。

尾河眞樹

ソニーフィナンシャルグループ株式会社
執行役員、チーフアナリスト

為替ってこんなに面白い！／目次

図版・DTP 美創
編集協力 平原悟

第1章 そもそも為替って？

日本にとって円安はプラスかマイナスか

――ここ数年、為替に関する報道が増えたように感じます。かつては円安で輸出産業の業績が好調、日本に来る外国人が増えて景気に貢献している、などとポジティブな内容が多かったのですが、2023年以降は円安で日本人は海外に気軽に行けなくなった、輸入品が値上がりして生活が苦しい、などネガティブな話も増えています。円安は、日本にとってプラスかマイナスか、どちらなのでしょう。

結論から言えば、円安は日本にとってプラスです。日銀の短観（企業の景況感）を見ても、円安時には景況感が改善し、円高になると悪化する傾向があります。

特に2023年の円安局面では、大企業製造業、中小企業製造業だけでなく、全企業で景況感が上向いています。これは日本経済にとって円安の恩恵がある証拠です。

――それは少し意外です……。

まずは輸出企業についてお話しします。日本の製造業は海外に製品を輸出する企業が多いのですが、たとえばアメリカで得たドル建ての売り上げを日本円に戻す際、円安のほうが円換算の金額が大きくなります。

また、日本円で見て同じ値段で売っていても、1個1000円のモノが1ドル＝100円のときは10ドルだったのが、1ドル＝150円になれば約6・7ドルと、円安の分だけ、海外での値段は下がりますので、販売量が増え、利益が増す可能性があります。

これらはすぐにわかる円安のメリットですが、実は国内で生産して国内で販売する産業にとっても、必ずしも悪いことではありません。円の価値が下がれば、海外からの輸入品の価格が高くなるため、人々は輸入品より安くて質の高い国内産の製品を好むようになるかもしれません。特に農業などについては、こうした円安メリットを享受《きょうじゅ》できる可能性があります。

また、長い目で見れば、円安になると海外の人を雇うのが難しくなるため、海外に移していた生産拠点が国内に回帰すれば、それによって国内の雇用が拡大し、景気がよくなる点もプラスと言えます。

――輸出をする製造業にプラスなのはわかりましたが、サービス業はどうでしょう。

サービス業にとっても恩恵があります。まず、円安になれば、海外からやってくる観光客にとっては、日本のモノが相対的に安くなるため、思い切って消費をしてくれます。円安になって儲かる企業が増えれば、従業員の賃金も上がるので、日本人の消費も期待できます。

たとえば、以前イタリアンレストラン経営者の友人からこんな話を聞きました。ユーロに対して円高だったときに、「ワインが安く輸入できるから儲かるでしょ」と尋ねると、「それがそうでもないんだ」と。理由は、「円高になると世の中全体の景気が悪くなるから、レストランに来る人が減るんだよ」と言うのです。なるほど、円高でワインなどの仕入れコストは下がっても、客足が遠のけば、業績としては悪くなるわけで、こうした間接的な影響を考えると、サービス業にとっても円安は悪いことではないのです。

――企業関連以外にも円安の恩恵はありますか？

これは意外に忘れられがちですが、現在の日本は、経常収支（貿易収支、サービス収支、所得収支の合計）における黒字の中身が貿易（貿易収支）による黒字ではなく、**第一次所得収支といって、海外への投資から得た利子や配当による黒字が中心になっています。**

日本は輸出で稼いでいると思われていますが、実は海外に投資をして儲けている国なのです。

２０２４年から新ＮＩＳＡが始まり、海外の株式や債券、外貨預金や外貨建ての投資信託などに投資している人も増えていて、そういう人は海外投資による円安メリットを直接的に感じることができると思います。

しかし、そうでない方も、実は公的年金や勤めている会社の企業年金の運用では、外貨建ての資産運用が含まれているはずです。ですから円安になれば、これらの運用にはプラスです。

資産運用における円安のメリットは、日々の生活では実感しにくいですが、こうした点も回り回って皆さんにとって円安のプラス要因と言っていいと思います。

——日本は資源の大部分を輸入に頼っています。だとすれば、製造業・サービス業ともに、海外から輸入する資源や原材料の価格が下がる円高のほうが、利益が増える気がしますが……。

これに関しては、円安による資源価格の上昇を、製品やサービスの価格に転嫁できるかどうかがポイントです。

たとえば、ヘアカット専門店のQB Houseは、2023年4月1日にヘアカット料金を1200円から1350円に値上げしましたが、その値上げ分を従業員の賃上げや人材育成などに充当し、サービスを向上させたことで、むしろ同年6月期の決算では過去最高益となりました。

理容業界も光熱費など、間接的には円安による輸入資源の価格上昇の影響を受けますが、値上げによるサービスの向上が功を奏したよい例だと思います。

また、石油を輸入して販売する石油元売り業者の場合、石油は製造や生活に不可欠なため、製品価格に仕入れコストの上昇を転嫁しやすく、業績は好調です。

――輸入品のコスト高で値段が上がっている製品は他にもあるのに、なぜガソリンや灯油に国が補助金を出すのでしょうか。

それはガソリン価格は生活にものすごく影響があるからです。アメリカほどではないにしろ自動車は移動手段の中心ですし、特に公共交通機関が限られる地方の中には車なしでは生活できない地域も少なくありません。政府が補助金を出して、そうした地域の人の負担を軽減することは理にかなっています。

また、近年はネット通販が拡大しているのはご承知の通りですが、モノを運ぶためには自動車は不可欠。物流関連企業は、人件費の上昇などで経営が苦しいため、物流システムを維持するためにも、ある程度支援は必要と言えるでしょう。

直接消費者を補助するのではなく、元売り業者を支援することに違和感を覚える人もいるかもしれませんが、原油価格の高騰は、原油を原料とする化学工業や、航空会社など影響を受ける産業が多岐にわたります。

ガソリン価格が上がれば航空券の価格にも跳ね返るし、人の移動が減少すると、観光業にも影響が出る。景気全体に影響が出るので、元売り業者に補助金を支給して、全体に影響が及ばないようにするという意味では、合理的と言えるのです。

円安にも負の部分はある

――日本経済にとって円安は必ずしも悪くないのに、メディアでは、「円安で日本が貧しくなり、国民の生活が苦しくなった。だから円安を止めるべきだ」という論調も目にします。これは間違った認識なのでしょうか。

そうとも言えません。日本全体では円安がプラスでも、個人の生活にかかるコストが上がっているのは事実だからです。

日本は食品も輸入に頼っていますから、為替が円安になると食品の値段も上がり、食費がかさみます。たとえばワンコイン弁当など低価格商品を販売する業者は輸入食材を比較的多く使っている可能性があるし、元々商品価格に占める原価コストが高いので、価格の上昇率も大きくなっている。その意味では庶民にとって、円安は負の影響も大きいことは間違いありません。

また、飲食店などは、光熱費の高騰の影響も大きく受けています。さらに、人手不足に対応して人件費も上がっており、最近は人手不足を補うために外国人を雇う店舗も普通になっていますが、これ以上に円安が進むと、外国人にとって円でもらう給料の価値が低下するため、日本で働くメリットが薄れてしまう恐れがあります。
外食産業に限らず、製造業もそうですが、人手不足がさらに深刻化する可能性には注意する必要があります。

――人手不足に円安が加わりましたからね……。

ガソリン代や光熱費は、原油自体の価格上昇の影響が大きく、高騰の原因は円安だけではないのですが、円安で価格が上がったのは間違いありません。
何よりこれらは値上がりしたからといって使用を控えるのが難しいだけに、実感として影響は大きいと言えます。
生活者の声を代弁するのがメディアの役割なら、日々の生活で実感する部分が苦しくなっている以上、円安を止めるべきだ、という意見をのせるのは当然かもしれません。

――過去にも1ドルが150円だった時期がありましたが、そのときは現在のよう

に大騒ぎにならなかったのはなぜでしょう。

２０２２年に1ドル＝１５１円になったとき大騒ぎになったのは、久しぶりにここまで円安になったということが大きかったのではないでしょうか。あとは、生活に及ぼす影響が、かつてとは変わっていることもあると思います。

たとえば、資源価格はドル建てなので、円に換算する際、円安だと、それだけ円建ての価格が高くなってしまいます。原油自体の価格は、コロナ明けの経済が再開されるというときに大きく上がったものの、ロシアによるウクライナ侵攻前年の２０２1年は平均で1バレル＝68ドル程度と比較的落ち着いていました。それが２０２２年からは再び上昇し、２０２２年6月には1バレル＝１２０ドル前後になっています。

そこに円安が加わって原油の輸入価格は、1バレル＝1万６０００円程度になってしまった。当然、原油を原料とするガソリン価格も高くなるので、体感的にも輸入物価が上昇したと感じることになるのです。

政府も、おそらく注意して見ていたでしょう。円安によって輸入物価が上昇し、それに伴いインフレになれば、国民の生活にダイレクトに響きますから、政治に対する目も厳しくなる。ガソリン価格の高騰の影響を緩和するための補助金制度（1リットル＝175円以下にする）は2023年9月に期限が切れるはずだったのが、延長することになったのも、そのためでしょう。

――つまり、円安になって多くの国民が負担増を感じているのは、原油など資源価格の高騰と相まって、日々使うモノの多くが値上がりしているからですか。

そうでしょうね。ただ、賃金の上昇が、輸入物価の上昇に追いついていないので、値上がりを強く感じるということも言えます。物価が上昇したとしても、賃金がそれと同じだけ上がっていれば、何の問題もありません。でも現実はそうではありません。

2023年は3・99％の賃上げが実現しましたが、これは主に大企業であって中小企業の賃上げはさほど広がりを見せていませんでしたし、大企業の賃上げでさえ、物価上昇に追いついていませんでした。実際に2023年度の実質賃金は、前年度比で2・

2％減少しました。

たとえば、前年比で3％の物価上昇に対して、賃金の伸びが前年比で2％にとどまれば、実質賃金は前年比でマイナス1％になってしまいます。つまり、実質的に賃金は下がっていることになるわけですから、国民にとって苦しいのは当然です。

その意味では、2024年3月の春闘で大幅な賃上げの回答が相次いだため、今後、実質賃金がプラスに転じる可能性はありますし、それによって消費も上向けば、まさに日銀の目指す「賃金と物価の好循環」が実現できるので、今後に期待したいところです。

——円安を悪者扱いする専門家は少なくない気がしますが、他にもデメリットはありますか。

円安が日本経済にとって悪いことではないというのは前に述べた通りですが、これが長期にわたれば、弊害が大きくなる危険もあります。それは、日本人の、海外のモノを買う力、いわゆる「購買力」が弱ってしまうからです。

特に2022年以降は急激に円安が進み、1ドル＝150円前後で定着しています。これがさらに進めば、新たな問題が出てくることも想定されます。一つは、日本の製造や建設現場を陰で支えてくれている外国人労働者が日本で働くことを躊躇《ちゅうちょ》するようになることがあげられます。

同時に、日本から優秀な人材が流出する危険もあります。最近では、ワーキングホリデーを利用し、海外のレストランで働くシェフや寿司職人の話題もニュースなどで取り上げられるようになっていますが、飲食店に限らずさまざまな業種で同様のことが起こるかもしれません。

手に職のある人や優秀な人材ほど、海外に出るようになれば、日本の産業力や競争力の衰退につながるだけに、どこかで急激な円安が収まるような政策も必要になると思います。

為替の影響が小さくなっている日本の産業

――日本経済にとって円安はプラスとのことですが、今の日本企業は、かつてほど為替の影響を受けなくなっているとも聞きます。それは事実でしょうか。

そう思います。日本の製造業は、一昔前は国内で生産して、それを輸出していました。円安が製造業にメリットがあると言われたのはそのためです。

しかし、それでは為替相場の変動によって業績が大きな影響を受けることになってしまう。円高になった場合には、業績にマイナスの影響が及びます。実際、1990年代以降、日本の製造業は円高に苦しんできました。

そこで、生産拠点を販売先の国や製造コストの安い地域に移転しました。資材や部品も海外で調達して、海外で生産、海外で販売すれば、為替の影響を減らすことができるからです。アメリカで売る製品は、アメリカで作る。現場で働くのもアメリカ人、アメリカのコストで作り、アメリカで売れば、仮に円高になっても損失を被ることが少なくなります。

また、日本で製造する場合でも、資材の輸入はドル建ての決済にして、ドル建てで輸出する企業も増えてきました。こうして為替の変動で日本企業の業績がぶれるリスクが減った一方で、かつてほど円安による直接的なメリットがなくなっているのは事実です。

——でも、たとえば1円の円高など、少し円が高くなるだけで、トヨタの利益がこんなにも減る、というニュースが出ます。少し大げさすぎませんか？

自動車メーカーは全体として海外生産を増やしていますが、たとえばトヨタは国内の雇用を守るという意識が強いようです。また、サプライチェーン（供給網）を維持するために国内生産を続けることは不可欠としており、今も国内生産をかなりの割合で継続しています。

ちなみに、2024年度は世界生産約1040万台のうち、300万台を国内生産とする方針が発表されています。

ドル・円が1円変動した場合に営業利益に及ぼす影響を「為替感応度《かんのうど》」と呼びますが、実際トヨタは為替の1円の変動で年間の営業利益が500億円、日産やホンダも100億〜120億円程度、円安であればプラス、円高であればマイナスになると言われています。その意味では影響が大きいですから、そうしたニュースが伝えられるのでしょうね。

――為替の影響を少なくすれば、円高による損失も軽減される一方、円安になってもメリットが少なくなりますね。

その通りです。現在はせっかく円安になっているのに、そのメリットをかつてほど享受できなくなっています。昔のように日本で作って輸出していれば、もっと輸出が増えて、業績がよくなっていた可能性もあるでしょうね。

今は円安によって、逆に原材料などの輸入コストが上昇してしまい、その結果、モノの輸入額が輸出額を上回る状態になり、日本の貿易収支は赤字になっています。

――円安のほうが日本経済にプラスだと冒頭で聞きました。その話と今の話は矛盾しませんか。今後さらに円安が進めば、円安が日本経済にとってマイナスになることもあるのでしょうか。

円安のメリットが減っているのは確かですが、トータルで見れば、円安のほうが、円高よりもメリットが大きいことは変わらないと考えています。

理由は、日本がモノを生産して海外で売って儲ける国から、海外に投資をして儲ける国に変わっているからです。先ほども少し触れたように、日本は今、確かに貿易収支は赤字ですが、トータルの海外からの稼ぎ、すなわち経常収支は黒字です。海外への投資から得られる利子や配当金、すなわち所得収支が黒字だからです。

海外への投資で稼いだ収益は、最終的に円に戻すため、円安のほうが金額は大きくなるという意味で、メリットがあるわけです。

――戦後の高度成長期と言われる1955～1973年頃は、為替レートは今より大幅に円安でした。経済が拡大できたのは、それにも助けられたということですか？

経済成長の理由として、一つには当時は経済規模が拡大し続けたということがあげられます。戦争で日本の人口は大幅に減りましたが、戦後のベビーブーム世代が成長するにつれて労働力も増えたし、市場も拡大しました。

また、日本人が一丸となって経済を立ち直らせようと頑張ったことも見逃せません。世界に追いつけ追い越せと努力したため、競争力ある魅力的な製品がたくさん生まれた。これは為替と関係なく、成長した理由でしょう。

しかも、おっしゃるように、戦後すぐは1ドル＝360円で固定されていた。一気に円高に振れたのは1980年代の終わりで、1985年のプラザ合意が一つの転換点です。その意味で経済が成長した60年代から70年代は、比較的円安だったわけで、当時の輸出で儲ける日本にとっては極めていい環境だったと言えます。

――高度経済成長期、主な輸出先はアメリカでしたが、アメリカから見ればドル高のほうが安く輸入できるから、輸入量も増えたわけですね。

日本経済を回復させることは、アメリカにとってもメリットがありました。そのために円安を容認していたと言えるかもしれません。

ただ、それもいきすぎると話が変わります。ドルが強すぎると、アメリカの国内産業にとっては逆風になってしまう。実際、日本製品の輸出が予想以上に増えたことで、アメリカ国民の感情を刺激しました。アメリカを代表する産業だった自動車業界が窮地に陥り、日本製品の不買運動まで起き、いわゆる「ジャパンバッシング」が始まりました。そこでプラザ合意で、ドルを下落させ、円高になるように取り決めたわけです。

日本政府は、この円高による産業へのマイナスをカバーするため、財政出動を積極的に行い、経済を下支えしたのですが、これが不動産投資ブームを生み、のちにバブルを発生させてしまった。そして、最終的にバブルが崩壊し、失われた30年に入っていきました。

こうした歴史を振り返ってみると、為替は、日本の経済や社会の変化と深く関わっていることがわかると思います。

欧米諸国は為替をどう捉えているか

――ここまで日本経済や日本国民にとっての為替の影響について聞いてきましたが、アメリカは為替をどう考えているのでしょう。

ドルは世界の基軸通貨ですから、あらゆる価値の基準となっているわけで、一般の人々はさほど「今ドルの為替レートがいくらか」は気にしていないように思います。

ただ、アメリカ政府は為替を気にしていると思いますね。**アメリカの場合、財政収支の赤字を国債発行によってまかなっており、その4割程度を外国人投資家が保有しています。この状態でドル安が進むと、米国債を保有している外国人投資家にとってドル安になった分、儲けが目減りしてしまいます。**

ドル安の状態を放置していると、損失の拡大や、利益の縮小を恐れて、国債を売却する動きも出かねない。これは財政にとって、極めてよくないことです。しかも、**国債が売却されると、国債価格の下落を生み、結果として金利が上昇してしまう。**そうした悪循環になることをアメリカ政府はとても気にしているはずです。

――日本と違って、アメリカがドル安のほうがいいと言わない理由はそれですか？

そうです。海外にモノを輸出しているアメリカ企業にとってはドル安のほうがいい面もあるのですが、政府は表立ってドル安を歓迎するとは言いません。むしろ表面上は「強いドルがアメリカにとって国益である」というスタンスを取っています。ドル安は、アメリカの財政にとって直接的にはマイナスだからです。

日本の場合も国債を大量に発行していますが、そのほぼすべてを国内で消化していま す。ですから財政の面からは特段、円高になるような政策を考える必要はないわけです。

――アメリカ以外の国はどうですか？

G7では基本的に「為替レートを操作して、恣意的に自国通貨安に誘導してはいけない」ということで合意しています。なぜそのようなコミットメント（公約）があるかと言えば、かつて多くの国が自国経済を守る目的で、通貨安競争になったことがあるからです。

自国の通貨を安くするために各国が介入を繰り返せば、市場が歪《ゆが》められてしまう。そこで、為替レートはあくまで市場によって決定されるべきだ、ということになり、G7各国はそれに賛同しています。

仮にそのルールに反するようなことをすれば、アメリカから「お前は為替操作国だ」と名指しで批判され、制裁を受けることになりかねません。

これはあくまでアメリカ独自の根拠に基づいて行われていますが、実際問題として、仮にアメリカから「為替操作国」に認定され、関税の引き上げなど経済制裁を受けることになれば、対象国の経済は大きなダメージを受けます。

結局、世界のリーダーであるアメリカには皆逆らえないので、従うしかないのです。

それはともかく原則としては、どこの国にとっても自国通貨は安いほうが景気や経済にとってプラスというのが一般的な認識です。ただ、こうした経緯もあり、G7各国がわかりやすい形で自国通貨安に誘導することはなくなりましたが、必要に応じて口先介入や金利の引き下げなどは続けているのも事実です。

——強い国ではありたいと思っても、自国通貨は安いほうがいいのですね……。

ただ2024年に入ると、各国の環境も少し変わってきました。今や、多くの国で自国通貨は高いほうが望ましいと思われています。それは、欧州もアメリカもインフレに頭を悩ませているからです。

2022年以降、欧米で利上げが繰り返し行われてきたのはインフレ対策ですが、これとともにドルが上昇したのは、ある意味アメリカのねらい通りです。自国通貨が安くなると輸入物価が上昇し、インフレが加速してしまうので困るというわけです。

コロナ禍以降の世界経済は、従来のセオリーが通用しない、新たな事態が起きていると言えます。何しろアメリカのインフレ率は2022年、一時的に対前年比9%まで上昇したほどです。

こうした異常事態を解消するために繰り返し政策金利を引き上げたものの、それでもインフレは完全には収まっていません。これも極めて異常で、為替を見る場合も、セオリー通りに動かなくなっていることを前提にしなければいけない。日銀の植田和男総裁の言葉を借りれば、これは私たちアナリストやエコノミストにとっても「とてもチャレンジングな状態」と言えるかもしれません。

そもそも円高、円安とは何か

——為替が生活や経済への影響がとても大きいことはわかりました。ですが、その影響の出方も含め、どうもわかりにくいです。そもそも円安、円高という言葉の使われ方も曖昧《あいまい》です。

日本ではニュースでも為替相場の結果が報じられますが、これが逆に為替をわかりにくくしている面もあるかもしれません。お昼のニュースで「現在の東京外国為替市場の円相場は○円。昨日の終値に比べて○銭円安」などと言っているのを聞いたことがあるでしょう。これは前日の東京市場の終値に対するものですが、厳密に言えば、あれは正しくありません。

私がこの世界に入った当時の為替市場には、株式市場と同様に前場《ぜんば》と後場《ごば》があり、お昼休みもありました。しかし、今は前場や後場はないし、そもそも為替相場は24時間、休みなしに取引が行われています。

東京市場の「終値」は、午後5時時点のレートを基準にしています。どこかで区切りをつけたいのでしょうが、日本時間の午後5時に市場が閉まるわけではないので、正しくは、前日5時時点の円相場に対して円安になっているとか、円高になったと言うべきですね。

――つまり、円高とか円安は、円が以前に比べて高くなったとか、安くなったとかいうことを示しているのですか。

それもありますが、それだけではありません。為替は、2つの国の通貨の交換レートですから、それはつまり相対的な価値だということです。

日本経済に影響を及ぼしやすい、ドル・円レートだけがどうしても報道されがちですが、世界の為替市場では、日々、世界中の通貨が取引されています。

通貨AとBがあった場合、AとBの比較ではAのほうが強くても、他の通貨に対してはAが値下がりしている場合もあるわけです。


――だとすれば、1ドルが140円から150円になったときも、「円安」とは限らないということですか。


そうです。対ドルの円相場が140円から150円になれば、ドルに対しては円が安くなったことは確かですので、対ドルでは「円安」ですが、ひょっとするとユーロやポンドに対しては、円は高くなっているかもしれないという点には注意が必要です。

このような通貨の力関係を知るためには、ドル・円やユーロ・円などの対円相場だけを見ていてもわかりませんから、対ドルでの他の通貨の動きを見るといいでしょう。

たとえば、ドル・円で円安が進んだのと同じ期間のユーロ・ドルを見たときに、ユーロが下落していることがわかれば、ドルは円に対してもユーロに対しても上昇しているわけですから、ここで起こったのはドル高であって、円安というわけではない、とわかるはずです。

こうしたケースでも、テレビのニュースなどではほとんどドル・円しか伝えませんから「円安」と報じるのでしょうが、実際はこのようにドル高という可能性も考えられるわけです。

――であれば、アメリカが強くてドルが買われているときに、日本の円も強いこともあり得ますね。

はい、その通りです。それでもドルのほうがより強ければ、円安・ドル高です。逆にドルも円も弱いのに、弱さの度合いが日本のほうが小さければ、円高になることもあるわけです。

しかも、ドルも円も世界中で取引されている、流動性が高い通貨です。他の新興国通貨などに対しては、ドルも円も同じ動きをすることがあって、ドルと円の強さが拮抗《きっこう》していているときは、ドル・円で見たときには「横ばい」になることもあります。ますます話が複雑になりますね（笑）。

――前から気になっていたのですが、「円が買われた」「円が強い」「ドル・円が下がる」など、さまざまな表現がありますが、為替相場としてはどれも円高を表していると思います。使い方にルールはあるのですか。

「強い」と「買われる」はやや意味が違います。「買われる」は、本当に買われている状況。機関投資家や投機筋が円を積極的に買っている状態です。

ただ、円が買われていても円相場が上昇しているとは限りません。円が買われると同時に、ドルが買われることもあるからです。ドルと円の両方が買われていて、ドルのほうがより買われていれば、むしろドル高・円安になることもあります。

次に「強い」ですが、これは実際に他の通貨に対してある通貨が上昇している場合に使います。

「ドル・円が下がる」は、ドル・円という通貨ペアが下落している、つまりドル安・円高が進むことを示しています。

こうしたさまざまな表現になってしまうのは、為替が相対的な価値を示すものだからです。仮にアメリカが利下げを開始してドル・円が1ドル＝150円から130円になったとしても、他のあらゆる通貨に対してドルが下落しているのであれば、そのときに円高と表現するのは、やや実際と乖離《かいり》してしまう。本質的にはドル安です。

この場合、正確に表現するならば「ドルが著しく下落して、その結果、円相場は1ドル＝130円になった」と表現するべきでしょう。

ただ、ニュースでは短い時間ですべてを伝える必要があるため、そこまでのコメントはできないうえ、日本では円を軸に報道するのが慣例となっていますから、「円高」と報じられるのです。

何が起きているかを本当に知るためには、常に円の反対側の通貨もチェックする必要があるし、相対する通貨が別の通貨との関係でどうなっているか、そこまで知ることで、ようやくそれぞれの通貨の状況がわかってくるのです。

なぜドル・円という表現をするのか

——そもそも為替がわかりにくいのは、1ドル＝140円だったのが145円になると、数字は大きくなっているのに「円安」と言うせいもある気がします。為替が通貨の交換レートなので仕方ないのはわかるのですが、だとすれば1円を基準にしてくれればいいのですが。

まず、円の価値がドルに対して高くなったか、低くなったか。それが円高と円安です。同じ1万円という日本円で、買えるドルの量が少なくなれば円安。それは逆に言えば、同じ1万ドルを買うのに払わなければいけない日本円が増えることを指します。つまり、円の価値が下がった。だから円安。これは理解できても、1ドル＝140円が145円になると、数字は大きくなっているのに円安と呼ぶ。これが為替をわかりにくくしているのは私も同感です。

なぜ為替市場の動きを、ドルに対して円の価値が上がったか下がったかで示すのか。それはドルが基軸通貨だからです。

では、ドルが基軸通貨なのはなぜか。一つには流動性が高いことがあげられます。ドルは世界の貿易取引や、投資などの資本取引で使用されている決済通貨で、世界の為替市場でも、最も多く取引されている通貨です。

また、いざというときのために世界中の国が外貨準備として保有する通貨のうちドルが最も多いのも、ドルが基軸通貨であり、最も信認が高く、いつでも他の通貨に交換できるなど利便性も高いからです。

また、ドルは1ドル＝○○円、1ドル＝○○カナダドル、といった具合に、通貨の価値の尺度、つまり基準にもなっています。

——基軸通貨はやはり力を持つのですね。

ただ、すべての為替レートがドルを基準にしているわけではありません。ポンドはポンド・ドルと表現して1ポンド＝○○ドルと表記しますし、ユーロもユーロ・ドルで1ユーロ＝○○ドルと表記します。

ポンドは歴史的には、大英帝国時代にポンドが基軸通貨だったときの慣例がまだ残っているのでしょうね。

ユーロは誕生したときに「第2の基軸通貨」と呼ばれ、当時ユーロ圏でユーロ・ドルと言い出して、それが定着したのだと思われます。

一度、それが定着すると変わることはないし、皆それに従うのがこの世界の暗黙のルール。だから、中国の人民元も「ドル・人民元」。中国が「人民元・ドルに変更しろ」と言ったという話は聞いたことがありません。

また、たとえばドル・円の表記を1円基準にしてしまうと、1ドル＝150円として、1円＝0・0066ドル、となってしまい、かえってわかりづらくなりますよね。

よい円安、悪い円安とは
——為替にまつわる話で、「悪い円安」とか「よい円安」という言葉を耳にします。同じ円安でも、日本にとっていい場合と、そうではないときがあるということですか。

これには2つのポイントがあって、「為替が変化する速度」と「為替を動かしている要因」が関係してきます。

これまで円安は総じて日本にプラスだと言ってきましたが、それはゆるやかな円安という条件つきで、あまりに急速な円安は、マイナスの効果が出る場合もあります。円安になると、輸入物価が上昇し、モノの値段が上がるため人々の生活が苦しくなる。これは常に同じですが、急激な為替変動は、大企業にとっても困りものです。特に製造業は原材料などの資材を輸入に頼っていますが、為替が円安になれば、ただちに原材料などの輸入コストが上昇する。これは企業にとって負担になります。なぜなら、このコスト上昇分をすぐに製品価格に上乗せするのは難しいからです。

――急速に為替が動くと、悪影響があるのですね。

2022年に起きた円安で、企業からも円安に対する懸念の声が多かったのは、まさにそのためです。

また、企業が為替レートの急激な変動で受けるマイナスの影響としては、収益に対する不確実性が増すことがあげられます。よく、企業が公表している「想定レート」という言葉を聞いたことがあると思います。これは、輸出入を行う企業が業績の見通しや事業計画を決める際、事前に想定しておく為替レートを指します。

為替レートが急変すると、企業にとって業績見通しの修正を迫られるうえ、その後も変動が激しくなることが予測されれば、収益に対する不確実性が高くなり、計画を立てづらくなることが大きな問題と言えるでしょう。

ところが時間をかけてゆっくり進む円安なら、業績見通しも立てやすくなるうえ、原材料コストが上昇しても、価格にその分を転嫁しやすいため、むしろ企業業績がよくなる。収益が増えるため、モノの値段が上がっても、苦しさを感じない。収益が増える分、賃金も引き上げることが可能となれば、個人消費が増えて、景気もよくなる。株価も上がる。この好循環が生まれるのが経済にとっては理想で、為替で言えば、よい円安なのです。

――円安になっている要因が問題とは、どういうことですか？

現在、日本で起きている円安は、円安・ドル高のペースが速すぎたことや、アメリカの急激な利上げという外的要因がメインであったことなどから、決して「よい円安」とは言えません。

2022年と2024年に政府・日銀が円買い介入に踏み切ったのも、そのためです。ただし、日米の金利差の拡大が中心的な要因という意味では、今後アメリカの景気が減速すれば金利が下がり、ドルが下落し始めるため、一方的な円安・ドル高はいずれ解消されるときが来るはずです。その意味では、これまでにも起きたことのある円安・ドル高要因と言えると思います。

ところが、もっと悪い円安になる可能性もある。たとえば、日本の財政に対する不安が出てきたとします。財政不安が起きれば、国の信認が損なわれる。そうなれば国債が売られて金利が上がっても、通貨の円が買われることはない。逆に信認が低下した円は、売られる危険が高いと思います。

加えて経済の先行き不安も広がり、株式市場で株も売られ、債券、通貨、株のトリプル安が一度に起きる危険もある。これが一番悪い円安です。

その意味で、よい円安か悪い円安かの分かれ目は、通貨の信認が背景にあるかどうかにあると言ってもいいかもしれません。

――今の円安は、それほど悪質ではないとわかって安心しました。

今のところ、円の信認低下が原因の円安ではありません。世界的に見ても、財政危機をきっかけにした通貨安で記憶にあるのは、多くは新興国です。

新興国以外では、イギリスで予算の問題が出たときに、ポンドが急落し、国債も売られたことがありました。アメリカでも、「債務上限問題」といって、国の借金には上限が決められているのですが、しばしば議会で揉《も》めて上限を超えそうになったときに、米国債の格下げリスクに注目が集まり、ドルが下落したことがありました。

――日本でこうした通貨の信認低下に基づく円安になることはないのでしょうか。

日本も財政に不安があると指摘する意見はありますが、現在発行されている国債の大部分は国内で保有されています。日本が突如、急激なインフレにでもなれば別ですが、今のところインフレも先進国のなかでは緩やかだし、国民や国内の銀行がいっせいに国債を売るとは考えにくい。国債の大部分を日銀が保有しているという別の意味での懸念はありますが、今のところは大量に国債が売られる不安が少ないことを考えれば、現段階ではその危険性は少ないと言えます。

――韓国はかつて経済危機に陥り、ウォンの価値も毀損《きそん》しましたが、数年で回復しました。だとすれば、国民にとって財政破綻や通貨の暴落は大した問題ではないのですか？

それは大きな誤解です。韓国は1997年に経済危機に陥り、ＩＭＦが支援することで立ち直りました。要するにＩＭＦから借金をして、財政を立て直したのです。**その間は、とてつもない緊縮財政を強いられました。**

ＩＭＦに救われた他の新興国でも、数年間は国による社会保障は受けられなくなりました。万が一、日本がそうした事態になるとすれば、社会保障は一切カットされるでしょうね。年金もストップするし、医療費も全額自己負担になるかもしれません。高齢者が多く、年金で暮らしている人が多い日本では、より影響が大きいことは間違いありません。

通貨が暴落すると、通貨安によって、輸出産業が恩恵を受け、国の経済を立て直すことになるのですが、それまでは相当に苦しい時期を耐え抜く必要があるのです。

――数年前、欧州債務問題でイタリアやギリシャでも財政不安がささやかれ、大騒ぎになりました。今は何事もなかったかのように見えますが、当時は大変だったということですね。

そうです。当時は取りつけ騒ぎが起きて、銀行にお金を引き出す人の長い列ができました。当時はドイツ経済が好調だったから、ユーロ内で協力して支援できましたが、ドイツ国民からすれば、なぜ自分たちが稼いだお金で放漫《ほうまん》財政のギリシャを助けなければいけないのか、という気持ちになったでしょうし、それがEU自体を不安定にしました。ギリシャはいったん債務危機を回避できましたが、時の政権は崩壊、その後に登場した政権が極右政権だったため、政権が不安定化した状況が続きました。

こうした経験を踏まえても、財政不安による円安は絶対避けたほうがいいのです。

――なるほど、よくわかりました。次からは、為替は何で決まるのかをお聞きしたいと思います。

第２章　為替は何で動く？

為替の動きは予測できるか

――今は円安で海外旅行も気軽にできません。少しでも円高のタイミングで海外旅行に行きたいのですが、いつ円高になるか事前に予測することは可能ですか？

為替次第で支払う金額が大きく変わるので、海外旅行前は為替動向が気になりますね。少しでも円高のときに旅行をしたいと思うのは当然です。

ピンポイントでいつ円安が収まるかを予測するのはかなり難しいですが、方向性はある程度、予測することができます。

２０２２年の急激な円安は、アメリカの利上げによる日米の金利差拡大が要因でした。また、２０２３年以降も円安が続いている要因は、利上げにもかかわらずアメリカの景気が予想外に強く、金利が高止まりしていて、日米の金利差が拡大したままの状態が続いていることが大きいのですが、だとすれば、その流れが変わるまでは円安傾向は続くでしょう。

２０２４年に入り、アメリカでは景気の落ち着きを示す経済指標も出てきました。アメリカで金利が下がれば日米の金利差が縮小し、ドル安から円高に向かうはずです。それを踏まえれば、海外旅行をするのは、もう少し待ったほうがいいかもしれません。

近年の為替変動幅は規格外に大きい

――２０２３年の初め、１ドルは１２７円台で、円の最安値は１５１円台。21年には１０２円台のときもありました。２年間で50円近い円安ですが、こんなに大きく動くことはよくありましたか？

ドル・円がここ数年で最も大きく変動したのは２０２２年で、年間の値幅は38円50銭でした。円安方向にこれだけ動いたのは、１９８５年のプラザ合意以降、初めてでしょう。

過去にも円高方向に50円程度動いたことは何度かありました。プラザ合意直後は急激な円高ドル安が続き、１９８５年、１９８６年と連続で50円以上動いたはずです。

もう少し最近では、アジア通貨危機があった１９９８年は約36円、リーマンショックの２００８年は25円でした。いずれも円高方向です。

あとで詳しく説明しますが、日本は経常黒字国なので、何かショックがあったときは円が急騰しやすい傾向にあります。

ところが、２０２２年は30円以上も円安方向に動いたうえ、４年連続で大幅な円安トレンドが続いていて、これまでの常識が通じない事態が起きていると感じています。

――為替が円安に動くときと円高に動くときで、スピードも違うのでしょうか。

統計をとったわけではありませんが、**経験則として円高方向のほうがスピードは速い**ことは間違いないと思います。為替ディーラーの間では、「重力の影響だ」とよく言われていました。

確かにドル・円のチャートでは、円高になると右肩下がり、円安では右肩上がりになるため、重力に逆らうことになる。ただ、ドルで見ると逆なので、これはあまり説得力がありません。

考えられる理由としては、日本の経常収支は黒字なので、常に円高圧力がかかっていることがあげられます。これに対し、日本から海外への投資マネー、いわゆる金融収支は円安圧力となるので、これである程度バランスが保たれているのです。

しかし、突如何か悪いニュースがあって市場心理が悪化する際には、こうした投資マネーが出にくくなる、あるいは海外に投資していたマネーが日本に戻ってくるので、円安圧力が減退し、途端に円高になってしまうというのはありうることです。

――経済状況が悪いときは、投資は控えたくなるでしょうからね。

あとは、日本人にとって困る方向のほうが、動きが速くなるのではないでしょうか。たとえばある輸出企業が一定の為替リスクにさらされている金額があるとします。これが円高・ドル安になると困りますから、さまざまな手法で為替ヘッジ、つまり、為替の変動によって損失を被るリスクを極力減らすための取引を金融機関と行います。

その一つが為替予約で、事前に決めたある為替水準でドルを売る権利を得るオプション取引をするのですが、この取引にはコストがかかる。コストを少しでも下げるために、さらに円高が進み、ある水準以上の円高になった場合は、ヘッジが外れる契約にすることもあります。この企業は為替差損が出ないように手段は講じているのですが、さすがにこの水準までの円高にはならないだろう、と想定しているわけです。

ところが、この状態で想定外の円高が進んでしまったとき、どうするか。ヘッジがなくなるため、そのときの相場で円を買わなければいけなくなる。これが円高を加速させるわけです。

それ以外にも、そもそも世界的に何かショックが起きているときは、アメリカの利下げが一気に行われるため、円高・ドル安が加速しやすいという面もあります。

外貨に投資していた人が、円高で利益が減ることを恐れて、外貨を売って円を買う動きも出やすくなります。

かつての日本は、モノを作って海外で売ることで外貨を稼いでいたし、一般庶民の生活に関わる食品などに占める輸入品の割合も今ほど高くありませんでした。そのため円高のほうが困る人が多かったから、円高になると途端に円高の損をカバーする行動に出たのです。

――以前と比べて、変動幅自体も大きくなっていますね。

2022年以降、急激に円安が進んだ理由は日米の金利差拡大にあるのですが、より大きいのが新型コロナウイルス感染症による影響です。パンデミックですから、世界中が同じ危機にさらされるわけで、どこの国でも同じ緊急対応が行われました。一つは、政府による大規模な財政出動と経済対策。もう一つは中央銀行による金融緩和です。

過去を振り返っても、世界中がこの2つの政策の組み合わせ、つまりポリシーミックスを同時に行うということは、ほとんどありませんでした。

しかも、景気対策の規模は過去にないほどです。結果、金融市場でお金がジャブジャブになっている。さらに緩和の規模も大きいため、中央銀行の行動が市場に与えるインパクトも大きくなりました。そのため、ちょっとしたセンチメント（市場の雰囲気）の変化でも、激しく市場が動揺してしまうのです。

――株式市場では高速取引が増えたことで相場の値動きが変化したと言われますが、為替市場はどうでしょうか。

為替市場にもそれは言えます。ＨＦＴ（High Frequency Trading）と呼ばれるような、アルゴリズムを活用した高速自動取引が普及したことで、昔とは値動きの仕方が明らかに違っています。

同じプログラムを多くの市場参加者が使っていれば、いっせいに同じ方向の注文が集中するし、一方向に動き始めると、さらに同じ方向の注文が集中する。結果、動きが加速度的に大きくなってしまうのです。為替取引に占める実需の割合が減り、投機取引が増えていることも、値動きが荒っぽくなった原因かもしれません。

為替には長期、中期、短期のトレンドがある

――為替は日々変動しますが、相場のトレンド（方向性）は何によって決まるのでしょうか。

為替は、２国間の需給バランスで決まるのですが、そのバランスを変える要因は多く、しかも期間によって変動要因の影響度合いも変化します。そのため、永遠に右肩上がりや右肩下がりが続くということはありえません。

ただ、少し離れた場所から眺めると、長期の上げ下げの中に、中期の上げ下げがあり、そのなかでも細かな上げ下げを続けていることが分かります。

言葉の定義は明確ではありませんが、為替のトレンドは景気よりも期間が短いイメー

ジです。為替におけるトレンドの長期は2～5年程度、中期は半年～2年、短期は今日・明日～最大半年というのが目安です。

――長期、中期、短期において、為替が動く基本的なメカニズムが知りたいです。

まず長期から言えば、一番大きいのは、経済の構造要因だと思います。トレンドを形成する構造要因としては、教科書的に言えば、経常収支。これが黒字の国は比較的通貨が強く、赤字の国の通貨は弱くなります。

それ以外にも、構造的になかなか変わらない問題を抱えている国の通貨も、長期的に弱くなりがちです。たとえば欧州の債務危機問題があったのを記憶している人もいると思いますが、人口や経済規模の異なる20カ国が一つの通貨、一つの金融政策で運営されていて、各国のお財布、つまり財政が別々であれば、さまざまな問題が起きるといった構造的問題もある。このため、ユーロがものすごく強くなるというイメージは描きにくいと言えます。

中期で為替を動かす要因は、景気循環や、それに伴う金利動向です。たとえば、これから数年アメリカの景気がよくなりそうだとしましょう。そうなればアメリカの金利が上がりやすい。川は低いほうへ流れますが、お金は金利の高いほうに流れる傾向にあります。だとすれば、アメリカの金利が上がるときは、方向としてはドル高になりやすく、結果、円安になるというわけです。

――では、短期で為替を動かす要因は？

短期的な要因は、市場を覆うセンチメントです。政府や中央銀行などの要人の発言や、経済指標の予想外の結果など、サプライズによる動きです。
ただ、こうした短期的な動きは、その要因も含めて予測するのが難しい。ある程度予想できるのは、金利や景気などで決まる中期的なトレンドまででしょうね。

――為替は経済の実態を必ずしも反映しないという意味ですか？

基本的には経済の基礎的条件、つまりファンダメンタルズで動きます。今現在、円安・ドル高なのは、アメリカの景気が強いからなのは、紛れもない事実です。

ただ、気をつけなければならないのは、アメリカの景気が強ければ、ずっとドル高が進むというわけでもないということです。成長率の高い国の通貨が強いなら、ドルは円に対してずっと上昇し続けていなければなりません。しかし、そうなっていないときもある。それは、別の要素でも為替は動くからです。それが政治的要因の場合もあれば、地政学的リスクの場合もあり、あるいは自然災害の場合もある。それらが時と場合によっては、経済ファンダメンタルズ以上に大きく影響することもあるのです。

長期的には円安なのに、なぜ日本株は上がったのか

――人口が減る日本は、経済が縮小していく。だから長期的には円安になるという意見がありますが、それについてはいかがでしょうか。

為替アナリストに円は将来どうなると思うかと質問すれば、ほぼ全員が「安くなる」と答えるでしょうね。**最大の要因は、人口減少です。人口動態は経済予測のなかで最も外れない予測**で、当分、日本の人口は減り続けることが明らかです。

しかも同時に、高齢者の割合は増え続ける。日本はこれまでに海外で稼いだお金が積み上がっていますが、少子高齢化が進む日本では、過去の貯蓄を取り崩して消費し、海外からモノを購入していかなければなりません。それが続けば、いずれは経常収支も赤字になるかもしれない。そうなると、必然的に円の価値は下がります。

また、人口が減って市場が縮小することも、経済構造として日本の弱体化になり、それが円の価値を下げていくことになります。

――長期で円安になる理由が人口動態にあるとすると、経済は縮小する。株も下がりそうですが、日本株は上がるという意見もあり、矛盾を感じます。実際、2024年になって日経平均株価は上昇しています。

内部留保をして人件費も含めて投資をしてこなかった企業に対して、資本効率を高めなさい、と政府も言い始めました。透明性を高めて、ガバナンスにも積極的に取り組み、経営効率を上げるようにと、株主からも求められています。それらが実現されれば、これまで積極的ではなかった海外の投資家も日本に投資するようになると期待できる。これらが株高になる要因で、実際にそうなっています。

また、世界経済のブロック化も無関係ではありません。アメリカと中国の対立が激化しているのに加え、グローバルサウスというインドを中心とした新興国の影響力が増しています。その結果、グローバル化で世界中のマネーが地球規模で動いていたのが、やや逆流が起き始めている。特に自由経済諸国は中国への投資に対して慎重になっているし、欧州についてもウクライナ情勢も含めて不透明な部分があることから、**消去法として日本が投資先として選ばれている**とも言えます。

――消去法というのが、ちょっと寂しくはありますね。

日本も遂にインフレが起こるのではないか、と期待する外国人投資家も多いようです。30年以上デフレだった日本で、賃金やモノの値段が上がるようになり、いわゆる「賃金と物価の好循環」が起きるとすれば、大きな変化であることは間違いありません。**インフレになれば、商品の値段が上がるため、企業の利益も大きくなりやすく、株価は上がる可能性が高い。しかも、為替は円安。海外から見れば、安く日本株が買える。**日本株を買いたくなる条件が揃っているのは間違いないでしょう。

岸田首相も海外で「日本に投資してください」と営業しています。何より、**世界には投資マネーがあふれている状態**です。この莫大な投資マネーの一部でも日本に来れば、株高になる可能性は十分にあると思います。

国力が変わらなくても為替が変動するワケ

――為替に話を戻すと、国力が強い国の通貨は買われるとも聞きます。これは具体的にどういう意味でしょうか。

国力と一言で言っても、経済力だったり、軍事力だったり、いろいろな意味があると思います。ただ、**通貨が強くなりやすいのは、主に潜在成長率が高い国**であると言えます。**潜在成長率とは、労働力、資本、生産性など国のあらゆる力を総動員して長期的に達成することが可能な経済成長率**のことで、現在は**アメリカが2％弱、ユーロ圏が1・4％前後、日本が0・7％前後**と言われています。

80年代の日本経済はとても元気でした。当時、日本の生命保険会社などの機関投資家は、莫大な資産を使って海外で有名不動産を買い、話題になったものです。あのロックフェラーセンタービルも、日本企業のものでした。バブルだったとはいえ、経済が成長していたのは事実で、そうした国の通貨は強くなりやすいと言えます。

――日本が経常収支では黒字を続けているのに、この10年以上、円安になっているのはどうしてでしょう。

経常収支が黒字ということは、教科書的にいえば、その国の通貨は買われやすいということになります。海外から入ってくる外貨は、国内で円に交換する必要があるからです。ところが、現実は常に円高になっているわけではありません。

日本と海外の間で行われた資金のやり取りが記録されているのが「国際収支」で、「国の家計簿」とも言われています。この国際収支は、大きく分けると、「経常収支」と「金融収支」に分けることができます。

経常収支には、海外との商品のやり取りを示す「貿易収支」や、あるいは海外旅行でホテルに宿泊したりするときに発生する「サービス収支」、利子や配当金の受け払いである「所得収支」が含まれます（次ページの図参照）。

日本の場合は、経常収支が黒字ですから、海外からお金を稼いでいる国ということになります。したがって、入ってきた外貨を売って円に交換するため、これが円高圧力になるわけです。

一方で、投資マネーについてはどうかというと、「国際収支」の「金融収支」という項目になります。**日本の場合は、海外に投資するマネーのほうが、日本への投資マネーよりも大きいので、流出超となっていて、金融収支は赤字**となります。海外に投資する

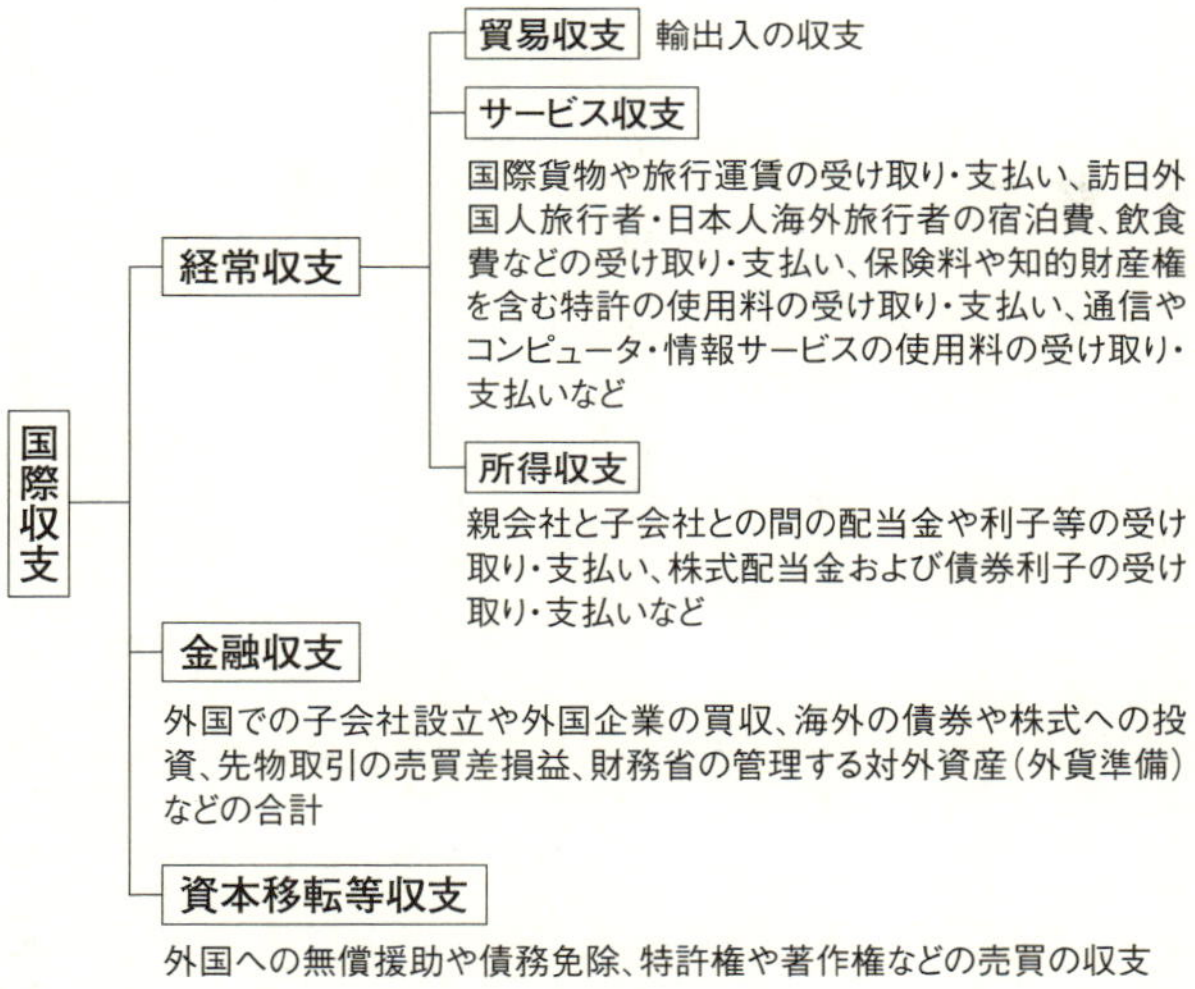

わけですから、この金融収支の赤字は円安圧力となります。したがって、日本は海外からお金を稼ぎ、それを海外に投資している国ということになります。

このため日本に入ってくるお金（経常収支）と、出ていくお金（金融収支）はバランスが取れている。つまり、円高圧力と円安圧力は本来拮抗しているはずなのですが、経常収支と金融収支の増減の動き方は同じではありません。

経常収支は経済の構造的な要因によるものなので、人口動態や、景気循環などの影響を受けながら、ゆっくり変化する。一方で、金融収支は投資マネーですから、さまざまな市場環境の変化や市場のセンチメントなどにも左右され、短期的に大きく変動します。**この経常収支と金融収支の増減のタイミングのずれによって、円高になったり円安になったりするの**です。

――だから為替が常に一定ということはなく、絶えず動くのですね。

経常収支の動きが遅いのに対し、金融収支は投資のお金なので、出たり入ったりの動きが激しいのは、おわかりいただけるかと思います。

よく「リスク回避の円高」と言いますよね。株価が下落し、投資家の心理が悪化したときに、円高になりやすいことを指します。たとえば世界同時株安など、グローバルに株価が下落した際に、あたかも外国人投資家が安全そうに見える日本の円を買っているようなイメージをお持ちの方がいるかもしれませんが、実際はそうではありません。

経常収支が黒字で常に円高圧力がかかっているなかで、株価が下落するなど市場がリスク回避に傾くと、日本から海外に出ていく投資マネーが減少する、あるいは海外に日

本人が投資していたマネーが日本に回帰するために、本来の円高圧力が一時的に強まることが背景にあります。

産業構造の変化が円安要因に

——「リスク回避の円高」には誇らしい気がしていましたが、実態は違うのですね。

経常収支の中身が近年大きく変わっていることも、為替相場に影響を及ぼしています。日本は経常黒字国だと先ほどお話ししましたが、1990年代初頭までは、日本の経常黒字のほとんどは貿易収支でした。しかし、この貿易黒字はその後、減少しました。1990年代の日米貿易摩擦なども背景にありますし、その後の大幅な円高も影響しています。2022年はコロナ後、サプライチェーンが変化したことや海外の需要が減ったこともあり、輸出額より輸入額のほうが大きくなってしまったため、貿易収支は赤字でした。

それでも経常収支が黒字なのは、所得収支が大幅に伸びているためです。所得収支と

は、**海外への投資から得られる利子や配当金がメインです。**たとえば**海外の証券に投資した場合の配当金や債券に投資した場合の利子（証券投資収益）や、日本企業が過去に買収した海外の企業から得られる収益（直接投資収益）など、日本が海外に保有する資産から生み出される収益で主に構成されています。**これらはすぐに円に転換せずに、そのまま海外で再投資されるものも少なくありません。

また、日本の製造業は1990年代から2000年代に続いた円高に苦しみました。これにより日本で円建てのコストで生産し海外に販売するのではなく、たとえばアメリカでドル建てのコストで生産してアメリカで販売するなど海外生産比率を上げていきました。**このことも、日本の貿易収支を減少させ、所得収支を増加させた要因の一つです。**

この場合も、海外子会社では現地の人材に賃金を支払い、海外の資源や資材を使って製造するとなると、そこで上げた利益は、必ずしも円に換える必要はありません。

このように日本は、**日本でモノを作って輸出して稼ぐ国から、海外への投資で稼ぐ国へと経済の構造が変わり、経常収支の黒字が、円高方向に与えるインパクトを縮小させたことも、円安の要因**となっているのです。

デジタル赤字は為替にどう影響していくか

――テレビ離れが進む一方、動画配信や、音楽の定額配信サービスの利用が増えています。それらの大半は海外企業の運営ですから、この流れが続くと経常収支の黒字も減り、それが円安要因になるとも聞きました。

確かに「デジタル赤字（海外のデジタルサービスを利用することで生じる赤字）」は最近話題になっていますし、海外の配信サービスの利用料が今後も増える可能性は高いでしょうね。これらの代金は統計上「サービス収支」になるのですが、今のところ、サービス収支の主なものは旅行や知的財産権等使用料などで、配信サービスの影響は大きいとは言えません。

しかもサービス収支という項目自体のウエイトはおよそ1割。配信による富の流出が将来は拡大する可能性が高いのは間違いありませんが、経常収支にただちにインパクトを与えることはないでしょうね。

ただ時間をかけて積み上がっていけば、ボディブローのように効いてくる可能性はあり、変化率としては他の項目よりも大きいはずで、その意味で注意して見ていく必要があるかもしれませんね。

しかし、これらデジタルサービス分野でも日本企業も必死に追いつこうとしてきました。ＳＮＳでもＬＩＮＥは発祥こそ韓国ですが、今は日本の企業です。海外に流出する金額も増えるでしょうが、市場が拡大することで国内企業が活躍できる領域も増える。また、インバウンドによる旅行黒字が、デジタル赤字をある程度相殺するでしょうから、当面は経常収支の黒字は維持されるように思います。

中期トレンドを決める要因は何か

――為替の長期トレンドを決めるのが経済の構造要因だとすると、中期トレンドを左右するのは何でしょうか。

一つは景気循環です。景気がよくなれば金利が上がり、その国の通貨が強くなるし、景気が悪くなれば通貨安になるというのが基本です。景気が過熱してインフレが進むと、中央銀行が金利を上げて景気を冷ます。景気が悪くなれば、金利も下がり、通貨は弱くなる。この循環による為替の変動が、中期トレンドの要因です。

アメリカでは、こうした景気循環が起きているのですが、日本は景気のアップダウンがほとんどない底這《そこば》い状態が続いてきました。このため超低金利が長らく続き、結果としてアメリカの景気がよくなればドルが買われ、景気が減速すれば円が買われる。要はアメリカの景気次第の為替レートが続いてきたのです。

大幅なドル安・円高になるシナリオはあるか

――そうだとすると、アメリカの景気が悪くなるまでは、今の円安が大きく変わることはないということですか。

それは言えますね。ただ、いったん流れが変われば、かなりの幅で円高になる可能性もないとは言えません。

２０２４年の春時点でアメリカは、前年から続くインフレが完全には収まっていません。よって、ＦＲＢ（米連邦準備制度理事会）も近く金利を下げるのではないかと市場は考えていましたが、まだ現実には起きていません。

一方で日銀は、これまで金融の引き締め（金利引き上げ）をしてこなかったため、緩和（金利引き下げ）をする余地がほとんどない。両国の金利差が大きいままの状態が続いたため、大きく円高・ドル安になることはありませんでした。

もしこのままアメリカの景気がいい状態が続けば、企業業績も好調で株価が上がるでしょう。アメリカ人は多くの人が株式投資をしているから、株価が上がれば家計に余裕が出て、「資産効果」で個人消費がさらに活発化するかもしれない。ただ、そうなると景気の過熱感が増すことになります。怖いのは、それによってインフレが再び過熱することですね。そうなれば、それを冷やすために、さらに利上げの必要性が出てくる。

これまで「利下げ」が予想されていたのに、仮に「利上げ」などとなれば、さすがに株式市場も大幅に調整するリスクが高まる。すると「逆資産効果」で、消費が落ちる。逆資産効果とは、株式や不動産など資産価格が下落することによって、家計などが貧しくなったと感じ、消費や投資を手控えることです。その意味で、今まで予想されていた景気の落ち込みよりも大きくなるリスクがある。この景気後退が2025年にずれこんだ場合、これまで考えていたよりも深いマイナス成長にならざるを得ないでしょうし、大幅な円高・ドル安になることも想定されます。

なぜ日本では景気循環が起きなかったのか

――円安だと、輸出企業を中心に大企業は儲かり、日本全体の景気もよくなる。ただ、景気がよくなれば、一般的には物価が上昇し、金利も上がって、その国の通貨が買われると聞きました。しかし過去10年以上、日本では物価も金利も上がらず、円安トレンドが続いていています。日本経済がセオリー通りにいかないのはなぜでしょうか。

アメリカでは景気がよくなれば物価が上昇して金利を引き上げ、景気が悪くなれば金利を引き下げるという、ごく普通のことが起こっています。

現在、アメリカは政策金利が5％台ですが、コロナ後に景気後退に陥ったときは0％

でした。このように、金融政策によって、物価の安定と雇用の最大化を目指すのが、アメリカの中央銀行であるＦＲＢの仕事です。

ところが、日本では物価がなかなか上昇しなかったため、日銀が大規模な金融緩和を長年続けています。ゼロ金利政策は１９９９年から続き、２０１６年以降はマイナス金利政策も導入されましたが、そんな国は日本しかありません。

日本の物価を財とサービスに分解すると、財の価格、つまりモノの値段はそれなりに上昇していますが、サービス価格は２０００年以降これまで、ほとんど横ばいが続いていました。これは、日本の賃金が上昇しなかったことが背景にあります。日銀が「賃金と物価の好循環」を目指しているのは、このためです。

財の価格は、海外のインフレや資源価格の上昇、円安などの外的要因を受けて上昇しますが、賃金が上がらなければ、人々の生活は苦しくなる一方です。賃金の上昇を伴った物価の上昇があって、はじめて利上げができるような環境になると言えます。

そもそも日本では、景気がよくなったり悪くなったりする景気循環のダイナミックさが、アメリカなどに比べて乏しいのが実情です。

「解雇規制」の違いが景気循環に影響する
――なぜ、日本には景気のダイナミックな循環が起きないのでしょうか。

景気が悪くなり、企業業績が落ちると、アメリカなどでは従業員を解雇します。それによって失業者が増えて、さらに景気が悪くなるのですが、人件費コストが下がればやがて企業の利益は回復するから、再び新たな従業員を雇うこともできるようになり、景気がよくなる。こうして循環が生まれるわけです。

ところが**日本では規制が厳しいため、業績が悪化しても簡単に解雇ができません。いくら賃金を上げよと言われても、雇用も守り、賃金も上げるというのは、なかなか難しい**のです。

雇用を守るために賃金を据え置きにしたり、正社員を派遣社員に置き換えることで、人件費を調整してきたのが、アメリカとの大きな違いです。

ただ、岸田政権は「構造的賃上げ」の実現のため、リスキリング（学び直し）による能力向上支援など人への投資、日本型の職務給の確立、成長分野への円滑な労働移動という三位一体の「労働市場改革」を加速させることを掲げています。

このように労働市場の構造改革は、「解雇規制」などの一つの政策にフォーカスするのではなく、総合的に対応するのが望ましいと言えます。

――労働市場を改革するのは容易ではなさそうですが。

日本の労働市場に関しては、やや変化の兆しが出始めています。若い世代は転職が普通になっているし、終身雇用などを前提にしている人はむしろ少数派ではないでしょうか。合わない会社に勤め続けるより、いい環境を求めて出ていくほうがいいと考えているはずです。

人手不足の影響もあって、企業側も賃金など処遇を改善していかないと、よい人材に働き続けてもらうことが難しくなっているのです。

転職紹介サービスも充実してきているし、多くの業界で人手不足だから職は必ず見つかる、という安心感もあるのでしょうが、いずれにしても動くことに抵抗がなくなることは悪いことではないと思います。

海外では転職のたびに給料が上がるのは珍しくありませんが、日本もそのようになっていくかもしれません。

アメリカ型の制度を日本にそのまま適用するのがよいかどうかは議論の余地がありますが、人件費は削っても値上げはせずに頑張っています、と言えば消費者に褒められるような状況は、やはり変わっていくべきだと思います。

——日本企業は円安で業績が好調なのに、人件費や投資に回さずに内部留保として蓄えてきました。これがデフレを長引かせたという意見もありますが。

そういう面もあるでしょうね。しかし、国の意向もあって、ようやく人件費を上げる動きが出てきました。この動きが継続し、収入が増えて景気がよくなるという、いわゆるよいインフレが起きれば、いきすぎた円安が多少は解消されるかもしれませんね。

——日本が金利を上げられないのは、国が抱える借金の利払いが増えるためだ、と言う専門家もいます。

専門家が言っているのは「金利を上げられない」というより、「急激には上げられない」という意味だと思います。

今の日本は、財政が厳しくて、国債という借金をしており、それを日銀が「金融緩和」の名の下に買い支えているのが現実です。日銀のバランスシートを見ると、資産の大部分が国債と言ってもいいほどです。

一方、日銀の負債の中心は、銀行が日銀に預けている当座預金。これはほぼゼロ金利です。だから、なんとか収支が維持できているのですが、急激に利上げをすれば、一気に利率を上げなければいけない。一方で、すでに日銀が保有している国債の金利は変わらないので、そうなると日銀のバランスシートが逆ザヤ、つまり**資産の金利収入よりも、負債の利払いのほうが大きくなるリスクが生じかねません。**

そうなれば、日本の中央銀行の信認は低下し、国債価格も暴落しかねないため、国債を大量に保有している民間の金融機関にとってもマイナスです。これは、なんとしても避けなければいけません。つまり、急激な利上げは、国にとっても、日銀にとっても、さらに言えば民間銀行にとっても、厳しい事態を招く可能性があります。

――ゆっくりの利上げなら、問題ないのですか？

問題ないとは言えませんが、急激な金利上昇よりは、影響がいくぶんか抑えられるのは確かです。ただ、それをコントロールするのは容易ではありません。日本は2％の緩やかなインフレを志向していますが、急激なインフレと利上げには弱い構造です。だからこそ、日銀の金融政策のコントロールが難しいと言われているのです。

為替市場は一つのテーマに集中する

——為替は相対的価値で、2国間の力関係で決まるとうかがいました。仮に、アメリカの金利上昇と日本の金利上昇が同時に起きる場合、為替はどう反応するのでしょうか。

市場参加者が、どちらの国に、より興味を強く持っているかが、一つのポイントです。為替市場というのは、一つのテーマに集中しやすいのが特徴で、両方の国や材料に均等に興味を持つということはあまりありません。その意味で、テーマ性が強い市場と言えます。

2023年後半は、アメリカ経済は本当に強いのかというのが、最大の注目材料でした。このためアメリカの経済指標に注目がより集まるし、政策がどうなるかにも注目が集まりました。

一方で、ひとたび日銀がマイナス金利の解除に動く可能性が浮上すると、市場の注目は日銀に集まり、円高に振れる局面もありました。このように、短期的にはその時々で、市場参加者が最も注目する材料で為替相場は動く傾向があるのです。

——市場が今、何に注目しているかはどう知ればいいのでしょう。

「市場は美人投票だ」——これは歴史的に著名な経済学者ケインズが言った有名な言葉ですが、まさにそういうことです。

ここで言う美人投票は、誰が一番美人かを決めるために投票するのではなく、最も多くの人が美人だと思う人は誰かに投票するものでした。皆が一番好きそうな人に投票し、その結果、一番票を集めた人が優勝するわけです。

プロの投資家が参加している市場も、それと同じ。皆が何に注目するかを推測する、心理ゲームのようなものと言い換えてもいいかもしれません。

では、今市場のテーマが何なのかを、どうすれば知ることができるか。日頃から経済ニュースに触れて、為替関連の記事をチェックすると、自ずと見えてきます。

――経済統計が短期的な変動要因になるのはわかりますが、これもよい数字が出れば、必ずその通貨が買われるとは限らない気がしますが、どうでしょうか。

たとえば、アメリカの雇用統計は、為替に影響する極めて重要な指標で、結果次第では大きく相場が動くことが知られています。雇用統計は、基本的に日本時間で第一金曜の夜に発表されるため、発表の夜は日本の個人投資家の間でも「雇用統計ナイト」と呼ばれて、一つのイベントのようになっています。

ただ、その反応度合いはまちまちです。たとえば雇用者数が前月に比べて10万人増えるというのがマーケットのコンセンサス（＝合意）で、結果、10万5０００人増えても反応は薄い。

一方で、仮に20万人増えれば、サプライズになります。マーケットのコンセンサスは、あくまでエコノミストなどの予想の中央値が集計され、発表されているのであって、実際にはエコノミストによって、見通しには幅があるためです。

そうした見通しのレンジ（＝幅）を超えるような大幅な上振れ、下振れとなった場合

には、市場参加者にサプライズを与え、相場に影響を及ぼすことになるのです。

——サプライズになるかどうかが重要なのですね。

相場への影響も、そのときの市場のテーマや環境で変わります。

たとえば2024年の年明けは、市場では3月にもアメリカで利下げが開始されると見られていました。しかし、1月に発表された12月の雇用統計が予想を大きく上回ったことで、早期の利下げ観測が後退し、ドル高が進みました。

数字がよければ景気がまだ強いことになり、FRBはまだ金利を高水準に維持する可能性があるという連想が働き、金利が上昇、為替はドル高になる可能性が高くなる。反対に雇用統計の数字が弱くなれば、アメリカの景気がいよいよ悪くなることを示していると判断する投資家が増え、だったらドルを売っておこう、と考えてドル安になるというわけです。

しかし、こういうこともありえます。市場ではアメリカの利下げと先々の景気回復への期待から、アメリカの株価が大幅に上昇していました。しかし、雇用統計の数字が強く、利下げがまだ先になると予測されれば、やがてアメリカの景気回復期待が後退し、株価が急落するかもしれません。その場合は、必ずしもドル高になるとは限りません。

その時々の相場の地合《じあ》い（相場全体の状況や雰囲気）や市場のコンセンサスによって、マーケットの反応も異なりますから、こうした予測は簡単ではありません。ある程度、市場やニュースを継続的にウォッチすることで徐々に身につくものです。

「要人発言」で為替はこう動く

――よく「要人《ようじん》発言」などと報道されますが、要人の発言によって、為替が反応することも多いようですね。

その通りです。為替に影響を及ぼす要人といえば、まずは、なんといっても各国の中央銀行総裁や、たとえば米連邦公開市場委員会（ＦＯＭＣ）のメンバー、日銀の審議委員などといった、金融政策決定に関わる当局者があげられるでしょう。たとえば、ＦＯ

MCメンバーのなかでも、「タカ派」や「ハト派」に分かれる傾向があります。

「タカ派」とはインフレ警戒型で、少しでもインフレの芽が出てきたら利上げするなど、金融政策は引き締めたほうがよいという考え方のことを言います。

「ハト派」は、その反対に景気重視型で、景気悪化の兆候が見られたら、利下げするなど金融緩和したほうがよいという考え方です。

メンバーによってそれぞれ温度差はありますが、パウエル議長だけでなく、政策判断に関わる他のFOMCメンバーの発言にも注目が集まるのは、タカ派の人が多ければ、利上げが近いとの判断からドル買い圧力がかかりやすくなるなど、相場にも影響を及ぼし得るからです。

――意見の傾向をハトやタカなど〝鳥〟にたとえるのが面白いですね。

日銀の場合、前任者の黒田東彦《はるひこ》総裁の時代（2013～2023年）は特に、「異次元の金融緩和」といってデフレからの脱却を目指して大量の国債を購入し、世の中に供給するお金の量を増やす「量的緩和」や、2016年からはマイナス金利政策を導入するなど、長きにわたり超緩和的な金融政策が続きました。

このため政策決定メンバーである審議委員の意見があまり異なることもなく、FOMCメンバーに比べると、これまで発言の注目度はさほど高くはありませんでした。

しかし、2024年3月に行われた金融政策決定会合では、いよいよマイナス金利政策の解除が決定され話題となりましたが、この判断について2名の委員が反対票を投じています。

10年間に及ぶ異次元緩和からの正常化に向かうなかで、審議委員の間でもそのスピードや手法については、徐々に意見が異なってくる可能性があり、それぞれの審議委員の講演や発言にも、これまでよりも注目が集まるのではないかと思っています。

――なるほど。中央銀行の要人についてはよくわかりました。他に注意すべき要人には、どんな人たちがいますか？

各国の首脳や大臣の発言にも注目が集まります。**特に為替市場に直接的な影響を及ぼし得るのは、米財務長官や日本の財務大臣の発言**でしょう。

日本の場合、介入の判断をするのは財務大臣ですが、実務の責任者である財務官の発言も、円相場に大きな影響を及ぼすことがあります。

2022年9月に、政府・日銀が24年ぶりの円買い介入に踏み切った際、その直前に神田眞人《まさと》財務官が為替介入の準備状況について「スタンバイの状態」と述べて注目を集めました。

また、2024年は11月に米大統領選を控えていますが、誰が当選するかにもよるものの、たとえばトランプ氏の場合は、前回の大統領任期中もその発言がしばしば為替を動かすことがあったので要チェックです。

トランプ氏は常に「アメリカ・ファースト」の保護主義者。アメリカの貿易赤字を問題視して、前回の大統領任期中、特に2017年にはドルは安いほうがいいと繰り返し述べたことも、記憶に新しいところです。彼がドル高嫌いなのは、自身を支持するアメリカの製造業にとってはドル安のほうが有利だからですが、大統領選の今年は特にそうした金融・経済面に関する発言が多くなるでしょうから、要チェックです。

大統領が替われば、経済政策も転換する可能性があり、為替もそれを反映して動くことになりますから注目したいところです。


——要人の発言は、為替市場に対して、具体的にどういった影響を及ぼすのでしょうか？


発言自体は為替市場に対し、比較的短期間の変動に影響を及ぼすだけのものがほとんどですが、金融政策などは、中期的にも影響が続くことが多いです。

どう動くかについては、発言が市場参加者にとって想定通りなら大きく動くことは考えにくいし、サプライズの度合いが大きいほど大きく反応します。

たとえば、日本で為替相場に影響を与えたものに、植田日銀総裁の発言があります。

2023年9月9日、読売新聞が植田日銀総裁へのインタビュー記事で、マイナス金利政策の解除に絡めて、「年内にも判断できる材料が整う可能性はゼロではない」と発言した、と報じたことから「年明け1月にもマイナス金利政策を解除するのではないか」との見方が広がるなかで、ドル・円も2円近く円高が進行する局面がありました。植田総裁がこのようにはっきりと、データが揃う可能性を示唆したことは初めてだったので、市場参加者にとってもサプライズだったのです。

しかし、その後9月下旬に行われた金融政策決定会合では「粘り強く金融緩和を継続する必要がある」と緩和維持の姿勢を示したため、結局、円相場は円安方向に戻っていきました。

このように市場にとってサプライズとなる発言は、マーケットを動かすことがあります。しかも、想定外であればあるほど、動きが大きくなりがちなのは覚えておいてください。

為替介入における注意点

——先ほど、為替介入に関する日本の当局者の発言の話がありました。具体的にどういった発言に注意が必要なのですか？

そうですね。財務大臣や財務官の発言も、時代とともに変わってきているようです。昔も今も変わらない、わかりやすい傾向としては、まずは第1段階として、**「市場の動向を注視している」**があります。

当局が相場に注目している姿勢を見せることで、「ちゃんと見ていますよ」というメッセージを示す、軽い牽制といったところでしょうか。

第2段階としては、**「投機的な動きが見られる」**などですが、これは「あまり調子にのってポジションを膨らませると痛い目にあいますよ」という、市場参加者へのもう少し踏み込んだ牽制です。ちなみに「ポジション」とは「持ち高《だか》」とも言いますが、投資家がある通貨を売っている、あるいは買っている状態を示すマーケット用語です。

たとえば円安の局面で、「円がもっと下落すれば儲かる」と思って、投機筋がどんどん円ショートポジション、すなわち「円の売り持ち」を増やしていったとしましょう。

つまり、円が値下がりした時点で買い戻して利益を得ようとしているとします。すると、ある日突然巨額の円買い介入が実施され、皆がこぞって円を買い戻さなければならない状況において、円が急騰して大損してしまいます。ひょっとするとその可能性が高まっているのではないか、という不安感を市場参加者に植えつけようという、いわば「軽めの警告」というイメージです。

さらに当局として懸念が大きくなると、第3段階としては、「**相場は経済のファンダメンタルズを反映していない**」「**円相場の動きは一方的だ**」などといった相場に対する批判的なコメントが出てきます。

そして、いよいよ介入への警告という第4段階になると、「**投機的な動きがあれば対応する**」「**必要であれば適切な措置をとる**」と介入をほのめかすステージにギアチェンジします。

そして、介入の準備が進み、実際に介入が視野に入ってきた第5段階では、「**あらゆる措置を排除しない**」「**断固たる措置をとる**」といった発言が目立ち始めます。昔から「断固たる措置」という発言があると、市場参加者は警戒感を強めたものですが、神田財務官はもう一歩踏み込んで、「**スタンバイ**」という言葉を使うようになりました。

――介入に際し、5つも段階を踏むことがあるのですね。

2022年9月22日、円買い介入に踏み切る3時間ほど前の会見で、神田財務官が「(介入は)スタンバイの状態と考えていい。いつでもやる用意がある」と述べたのはサプライズでした。これまで「介入をスタンバイしている」といったような直接的な表現は使われることがなかったからです。「スタンバイ」とまで言っているのに、もしもその後、円安がどんどん進んでも放置されるようであれば、「なぁんだ、見せかけだけか」と、市場参加者が当局のメッセージを信用しなくなってしまうリスクがあります。ですから、こうした「断固たる措置」や、さらに「スタンバイ」といったフレーズが発せられた場合には、「いよいよ介入が近いな」と身構えたほうが賢明と言えそうです。

――2024年4月29日と5月2日にも為替介入があったと言われていますが、これについて神田財務官はノーコメントとしています。これはなぜでしょうか。

介入にはいくつか種類があるのですが、介入した事実をアナウンスすることで、市場に影響を与えること（アナウンスメント効果）を狙う介入と、介入した事実を伏せて、市場参加者の不安心理を高める「覆面《ふくめん》介入」があります。

今回は後者のほうで、為替市場で介入警戒感は既に高まっていたため、アナウンスしても波及効果は限られる可能性が高かったというのが背景にあると思います。

また、日本のゴールデンウィーク中で、マーケットも薄商いなので、大量の介入資金を投じれば、為替相場に大きなインパクトが与えられるため、明言しないことで投機筋の不安を高めるような心理的な効果もねらったのかもしれません。

植田総裁のコミュニケーション能力について

――植田日銀総裁のメディアや投資家とのコミュニケーション能力はどう評価していますか？

総裁になる前から審議委員を務めていましたからメディア対応も慣れておられると思

います。総裁の発言は審議委員とは比べものにならないほどに影響力があるものですが、それは当事者にならないと、なかなか実感がつかめないとも聞いたことがあります。

ただ、これまで拝見する限り、市場とのコミュニケーションをしっかりとっていきたいという思いは非常に強いように感じます。それはとてもいいことですが、先ほどの読売の報道のように、あまりに明言しすぎると、市場参加者が驚いて相場が思わぬ動きをすることもあるので、そこは多少慎重でもいいのかもしれません。

２０２３年12月には、植田総裁が国会で「年末から来年にかけて一段とチャレンジングになる」と発言し、「ひょっとして年内にもマイナス金利解除があり得るのか？」と市場にサプライズを与え、１日で６円程度円がドルに対し急騰する場面がありました。

その後の定例記者会見で本件について質問されると、「国会でのやり取りとしては今後の仕事の取り組み一般について問われたので、２年目にかかるところなので一段と気を引き締めてというつもりで発言した。粘り強く金融緩和を継続する」と説明し、再び円が下落したのです。

こうした相場の不要な変動を避けるためにも、よく、セントラルバンカー（中央銀行の要人）の発言には「コンストラクティブ・アンビギュイティ（constructive ambiguity）」つまり、「建設的な曖昧さ」が必要だと言われますが、言い得て妙だと思います。

1987〜2006年まで長きにわたり、FRBの議長を務めたアラン・グリーンスパン氏の発言は、まさにこれの極致《きょくち》だと言われています。決して「隠し立てする」という後ろ向きの理由ではなく、ふんわり伝えて、相手に連想させるほうが、意図を咀嚼《そしゃく》する時間ができる分、マーケットにとってもいい場合があるのかもしれません。

――「当局者」や「関係筋」などの匿名で、金融政策などについて発言しているコメントも見かけます。あの発言には信憑性《しんぴょうせい》はあるのですか？

日銀関係者によると、関係筋によると……などとよく見かけますね。メディアを使ってあえて情報を流したり、リークするときによく見られる表現です。いずれも、実名は出ていませんが、発言した人物は存在すると思って間違いありません。

——なぜ、匿名にするのでしょうか。

それには理由があります。**正式なコメントの内容や発表時期を決めるために、まずは匿名で情報を小出しにしてみて、その反応を見るのが一つ**。あとは、いきなり要人が正式に発言すると市場に与える影響が大きくなりすぎる危険があるため、**いったん匿名コメントを出してワンクッション置き、市場が慣れたところで、正式に発言する**というケースもあります。

匿名とはいえ、喋っている内容自体は、政府や日銀関係者の発言であることに変わりはないので、軽視せず、今後の為替の動きを考えるためにも注意したほうがいいと思います。

市場参加者と相場の動き

——為替は2つの通貨の交換レートであり、それが貿易や企業活動に影響を及ぼすわけですが、同時に投機の対象という性格もあります。現在、通貨を売買する市場参加者には、貿易などに関わる人と、投機目的の人がいるわけですよね。

為替取引をする人にも、いろいろな人がいます。大きく分けると「実需」と「投機」です。実需とは、輸出入などモノの取引や債券投資、あるいは海外企業のM＆Aに絡む外貨買いなども含まれますが、共通するのは何らかの商売に紐づいた取引のことです。

たとえばアメリカ企業を買収する費用を準備するためのドル買いは、実需の一つ。こうした実需の取引は円をドルに換えて、支払ったら終わりなので、「ドル買い」で終わるのが特徴。買い切りで、売る必要がないお金ということになります。

一方の投機は、為替取引自体で利益を得ることを目的にしたもの。つまり「為替差益」をねらった取引です。こちらは先の実需とは違い、最初は何もないゼロからのスタートで、買ったらいつかは必ず利益確定、あるいは損切りで売りが発生します。

たとえば、円ショート・ドルロング（円を売ってドルを買っておく、つまり円安になると儲かる）というポジションを持った場合、ドルが値上がりすれば売却して利益を確定させるし、逆にドルが下がっても、どこかで損失確定のために売却する。買ったものは、いずれ必ず売りが発生する。これが投機取引の特徴です。

——よく、「投資」や「投機」と言いますが、この2つはどう違うのでしょうか？「投機筋」などと言われると、なんだか怪しげな感じがしますね（笑）。

これはとても大事なポイントです。そもそもこの2つは似ているようで、まったく違うのです。

「投資」とは、投資対象の成長を期待して資金を投じることです。なので、値上がりを期待しているわけですから、まずは「買い」から入ることになります。一方で「投機」の場合は、対象の価格の値上がり、値下がりに関係なく、その時々の相場の変動による儲けの機会をねらうことになります。

ですから、「空売り」など「売り」からポジションを形成することも多いのです。その場合、値下がりしたら買い戻すことによって利益を確定するのですが、どちらかというと「投資」よりも短期的な売買になるのが一般的です。

もう一つ、「投機筋」というと、確かに怪しげな感じがしますし、当局者が市場を牽制する際に、「投機的な動きがあれば対応する」などと発言することなどを踏まえると、なんだか〝市場に暗躍する悪者〟的なイメージがあるかもしれません。

しかし、その投機筋も、実は金融市場には欠かせない存在であることも確かです。**投機筋は短期的に売買を繰り返すことで、市場に流動性を提供してくれています**。「流動性が高い」とは、要するに「**取引量がたくさんあって、参入しやすい**」という状況を指します。

仮に世界の為替市場が実需取引だけになってしまったら、売りたいと思ったときに、買い手がなかなか出てこなくて、相場がどんどん下がっているのにいつまでも売れない、という肝を冷やすような事態に巻き込まれかねません。

ですから流動性が高いことがいかに大事で、投機筋が悪者でないことはおわかりいただけるかと思います。

――為替市場においては、実需取引よりも投資や投機マネーのほうが割合は大きいのでしょうか。

昨今は、為替市場全体で見ると、**実需よりも圧倒的に投資や投機マネーのほうが大きくなっています。**

なかでも貿易取引、つまり輸出入に関連する企業の為替取引は大幅に減少してきました。

国際決済銀行（ＢＩＳ）が3年に一度集計し、公表している世界の為替取引に関するレポートがあるのですが、直近２０２２年のデータによると、事業法人の為替取引は世界の為替取引全体のだいたい６％程度となっています。それ以外の為替取引の約半分が大手金融機関、残りの約半分が中小金融機関、ヘッジファンド、公的金融機関や各国の中央銀行などで構成されています。

ただ、こうした割合になったのはごく最近で、１９９０年代までの為替取引は、12〜13％は事業法人などの貿易取引でした。投資や投機目的の取引は、銀行など機関投資家が中心だったのです。

最近の傾向として急増しているのが、個人による外国為替証拠金取引（FX取引）で、特に日本はFX取引の割合が大きく、東京市場の為替取引の7割程度はFX業者による「カバー取引」が占めるようになっています。

――「カバー取引」とは何ですか。

FX業者には、個人投資家から日々、円売りドル買い注文や、円買いドル売り注文など、売り買い双方の注文が入ります。

FX業者はこれらの売り買いを相殺しながら、まとめて銀行に発注し、銀行が銀行間市場（インターバンク市場）でこれらを売買するのですが、FX業者の注文を銀行が銀行間市場でカバーする取引なので「カバー取引」と呼ばれます。

――なぜ、実需の取引が減ったのですか？

日本の製造業などは、かつて1ドル＝100円を割るような円高・ドル安に悩まされた経験から、今はできるだけ為替の影響を受けないようにしているからです。たとえば、アメリカで売るものはアメリカで、ドル建てで製造する、要は海外生産比率を増やす戦略に出たことが背景にあります。

あるいは日本で製造するにしても、たとえば海外でドル建てで販売する製品の場合、資材の仕入れもドル建てにするといった方法で、為替リスクを軽減する方法もあります。

それでも、どうしても為替レートの変動リスクにさらされてしまう「外貨建て資産（エクスポージャー）」については、「為替ヘッジ」を行っています。将来の売上見込みに対して、今の段階で先物取引により、ドル売り・円買いを行ってヘッジしておく。あるいは、数カ月後にあるレートでドルを売って円を買う権利、つまりオプション取引などを使って、急激な円高に備えているのです。しかし、こうした為替ヘッジは、為替ヘッジの担当者を配置できる大手企業しかなかなかできないのではないかと思います。

話を戻すと、海外生産などが増えたことで、製造業・輸出企業による実需の為替取引はかつてに比べて大きく減ってしまったのです。一方で、投機目的の為替取引は年々増えています。

——では、実需の取引が為替に影響を与えることはほとんどないのでしょうか。

いや、そんなことはありません。輸出企業の売りや買いが、短期的な為替変動にインパクトを与えることはあります。たとえば事業法人は会計上の理由などから月末にまとめて大きな注文を出すことが多いので、一度に市場で取引される金額としてはそれなりにまとまったものになり、それが相場にインパクトを与えるケースもあります。ただ、やはりＢＩＳのデータでもそうであるように、貿易取引よりも、投資や投機による為替取引のほうが、為替相場へのインパクトは大きいと言えます。

外為市場における「投機筋の動き」を知る方法

——投機目的の取引では円買いも円売りもできると思いますが、２０２２年以降は急速な円安進行もあり、投機筋も基本的には円を売っている。そこで予想外に円高になると、一刻も早く円を買い戻すのでしょう。前に円高に動くときのほうが速い、という話がありましたが、これも影響しているのでしょうか。

それはあるかもしれませんね。外為《がいため》市場における投機筋の動きを見るうえで参考になるデータとして、米商品先物取引委員会（ＣＦＴＣ）が週に1回公表している「ＩＭＭポジション」というものがあります。

シカゴ・マーカンタイル取引所の通貨先物市場で取引されている通貨の建玉《たてぎょく》（手仕舞いされずに未決済のまま残っている投資家の持ち高〈ポジション〉）で、毎週火曜日に集計され、金曜日に公表されています。

あくまで、為替市場全体の投機筋の一部でしかないことには注意が必要ですが、特に外国人投資家は、日本のＦＸ投資家と異なり「順張り」と言って、相場のトレンドに沿ってポジションを持つ傾向にあります。

今、投機筋のポジションがどちらに傾いているのかを見るにあたって、参考になります。日本でも多くのＦＸ業者などがホームページで集計し公開しているので、「ＩＭＭ

ポジション」と検索すれば、どなたでも簡単にチェックすることができます。

そのIMMの円の売りポジションと、買いポジションを相殺した「円のネットポジション」で見ると、おっしゃるように、アメリカが利上げを開始した2022年以降は、円はドルに対し、ずっと売り越しになっています。**日米金利差が拡大していくなかで、投機筋は円売りを続けていた**ことがわかります。

2024年4月時点では、円の売り越しが2007年以来となる規模にまで拡大しているため、仮に何かのニュースで予想外の円高になったら、円の買い戻しが殺到し、円高・ドル安が急激に進むかもしれません。

――ドル・円は2022年の10月に1ドル＝151円95銭のピークをつけてから、円高・ドル安に転じ、2023年1月に127円台半ばをつける展開となりました。しかし、2023年は結果的にまた大きく円安・ドル高トレンドとなり、11月には再び151円91銭に達しました。なぜここまで円売り・ドル買い圧力が強いのでしょうか。

２０２３年は日米の金利差が大きく開いていましたし、アメリカの景気は実際に好調でした。一方、日銀は当面緩和を継続すると言っていましたから、少なくとも短期金利差が縮小する可能性は当面低い。したがって投機筋は安心して円売り・ドル買いのポジションを積み上げることができたというわけです。

しかも、外国人投資家から見れば、安い金利の円を調達して、それを円よりもかなり高金利のドルに投資すれば、金利差で稼ぐこともできる。こうした取引を「円キャリー取引」と言いますが、これを皆がすれば、それ自体が円を売る行為なので、さらに円安圧力が強まる。結果としてさらに儲かるという仕組みで、こうした動きが特に２０２２年以降、顕著だったのです。

リスクを小さくして確実に儲けるプロの手法

——ある意味、誰でも儲かったわけですね。

結果的にはそういうことも言えなくはないですが、こうした一方的な動きが続くと、後々のリスクを高めることも忘れてはいけません。確かに通貨先物市場で取引をしているプロの投機筋のポジションは円安・ドル高にベットする（賭ける）方向に積み上がっているのですが、こうした状態のときに、たとえば為替介入などにより急激に円高が進むと、円安に賭けていた人たちは大幅なポジション調整を強いられることになり、それまでに積み上げた儲けを減らすことになってしまいます。

そこで、プロの投資家はこういう長期のトレンドのときにどうするかというと、たとえば**半分くらいは、円売り・ドル買いのポジションをキープしつつ、残りのポジションは利益を確定する。その後、円高に振れれば、また円を売ってドルを買う、といった形で、コアのポジション、つまりもともと保有している円売り・ドル買いポジションの約半分、これはしっかりとキープしつつ、残りの半分でぐるぐる売り買いを繰り返してい**くのです。

こうすれば、基本的に円安・ドル高の長期トレンドには乗っかっているわけですから、基本的に為替差益は得られるうえ、不意の円急騰など、ポジション調整が起きたときにも、ポジションが軽くなっていれば対応できますし、円が急騰したところでまた円を売るという余力もできる。

四六時中相場と睨《にら》めっこするわけにはいかない個人投資家には難しいところですが、円安・ドル高の長期トレンドが形成されているときに、早いタイミングで全額利益確定してしまうと、円安・ドル高がさらに進めば、改めて円売りポジションを作るのは難しくなってしまいます。なので、半分くらい利益確定して、また円高になったら、円を売ってドルを買い増せばいい、というくらいの余裕を残す手法がよいと思います。

「金融当局と戦うなかれ」

――コアのポジションはキープしながら、トレンドの波に乗るという手法は初めて聞きましたし、参考になりました。ということは、介入などのビッグイベントがあった場合にも、円高・ドル安が進んだところで再び円売り・ドル買いをすればよいということですね。

介入があった場合は、ちょっと話が変わってきます。海外の市場関係者がよく口にする相場の格言に、「Don't fight with the FED（FEDと戦うなかれ）」というものがあります。FEDとは、FRB（Federal Reserve Board）のことですが、要するに金融当局の方向性と反対の動きをすると痛い目にあうからやめておけ、という意味です。

これは、日本の政府・日銀の介入についても、同じことが言えると私は思っています。たとえば、2022年9月、10月の円買い介入のあと、円は151円台後半から、結果的に127円台前半まで円高・ドル安が進みました。

これは、個人投資家でもなかなか耐えられない大幅な調整局面になりますし、この間、冷静に円売り・ドル買いを続けるのは難しいはずです。

結果的にその後、再び長い円安・ドル高トレンドが始まるわけですが、それはそのときに再び円売り・ドル買いポジションを作っても間に合いますから、介入の可能性が近づいたり、始まった場合には、それに逆らわずにいったん円を買い戻すなど、ポジションを減らす、あるいはゼロにしておくことをおすすめします。

――為替市場全体の規模が大きくなっているなかで、為替介入はもはや効かないという話を聞いたことがありますが。

為替介入は一度に大規模な金額が投入されることに加え、先ほどの格言の話に従って、**多くの金融機関やヘッジファンドなどのディーラーが、介入に追随して取引を行うケースが多く見られます。**ですから、介入の実額の何倍もの取引量が同時に発生する可能性がありますし、直後は効かないように見えても、後からじわじわ効いてくるケースも多いので、介入をあまり甘く見ないほうがよいと思います。

投資家マインドは為替にどう影響するか

――株式市場で「リスクオン」「リスクオフ」という言葉を耳にします。それも相場の値動きを加速させている印象がありますが。

リスクオンとは、市場のセンチメントがよく、楽観的で株式などのリスク資産に積極的に資金が集まり、値上がりする状況。リスクオフはその逆で、消極的、悲観的になり、株価などが値下がりする状態を言います。

私がこの世界に入った頃、そうした言葉は使われていませんでした。リスク回避の動きが起きているとか、リスクテイクマインドが冷えているというのが一般的で、海外のディーラーがよく使う表現としては「リスクアペタイト（Risk Appetite）」が高いとか、低いといったものもありました。直訳すると「リスクに対する食欲」で、文字通りリスクを取ることに旺盛かどうか、という意味ですね。

オン、オフという言い方が広がったのは、２００８年のリーマンショック以降ではないでしょうか。リーマンショックで世界の金融市場に激震が走って、経済は落ち込み、それに対応するため、ＦＲＢが大幅な利下げを実施。アメリカ史上初めてゼロ金利政策を導入し、同時に量的緩和も実施。市場に巨額の資金が供給され、金融市場にマネーがジャブジャブになりました。

アメリカだけではありません。リーマンショックのあと、欧州でも２００９年のギリシャショックに端を発した債務問題が発生し、欧州中銀（ＥＣＢ）も資金を供給し始めました。また、2013年には、アベノミクスの下、デフレ脱却を目的として、日銀が「異次元緩和」を実施。日銀の資金供給量（マネタリーベース）を2年で2倍にする政策を打ち出したのです。さらに、2020年のコロナショックでは、カナダ中銀やオーストラリア準備銀行も量的緩和策を導入。日銀が世界に先駆けて2001年に導入した量的緩和は、リーマンショックの直後から、米欧、そして今やそれ以外の国々でも、金融政策の一環として広く導入されるに至りました。

――お金をジャブジャブにすれば、一時的にではあっても、景気はよくなるのですね。

ただ、いいことばかりではありません。グローバルに資金供給量が増えた場合、リスクオンになれば、一気に市場にマネーが流れて株価は急騰しますが、何かのきっかけでリスクオフになると、急落するというようなことが頻発するようになってしまったとも言えます。

足下はリーマンショック当時よりも世界中を駆け巡っている投資マネーの量がさらに

増えています。おかげで株式市場が総じて好調なのは悪いことではありませんが、副作用としてマーケットの値動きが激しくなりやすい要因になっている点は注意が必要です。

――そんな状態のなか、日本は借金が多く、財政健全化しないと大変なことになるという話もよく聞きますが、大丈夫なのでしょうか。

財政健全化は必要なことですが、健全化しないからといって、今すぐ何か起こるということはないでしょうね。

日本は経常黒字国であり、海外からお金を稼いでいるという状態です。黒字の内訳を見ると、かつてのように貿易で稼いでいる状態から、投資で稼ぐ所得収支になっているものの、黒字であることは今も変わりありません。

また、**日本が海外に持つ資産から負債を差し引いた「対外純資産」は拡大していて、32年連続で世界一の規模**となっています。これは、必ずしも喜んでばかりはいられず、大幅に円安が進んだことで、海外に保有する外貨建ての資産を円換算した金額が大きくなっていることも背景にあります。

また、**円の流動性は高く、外為市場では、円の取引量は、ドル、ユーロに次いで、第3位**となっています。

質問にあったように、日本の借金が先進国でも突出して大きいことは間違いありません。しかし、その9割方は国内で消化されているため、よほどの異常事態がない限り、日本国債が大量に売却される心配はない。ですから、ギリシャなど南欧諸国で見られたような、国債が暴落して金利が急騰、株安、通貨安のトリプル安といった動きになるリスクは今のところ大きくはないと言えます。

――そうですか、ちょっと安心しました。

ただ、人口がここから大きく減り、経済規模が縮小、経常収支も赤字に転落するような事態になれば、話は変わります。国内のマネーで国債がまかなえなくなるかもしれないからです。

海外の投資家に国債を買ってもらわなければならないときが来たら、外国人は日本が危険だと感じれば、国債を売却するでしょう。債券市場で空売りを仕掛けてくるかもしれません。そうなれば、一気に国債価格は急落し、反対に金利は急騰する。この場合は、通貨の信認が著しく低下する「悪い金利上昇」となるため、金利が上昇したとしても、円は暴落する可能性があります。

しかも、そうなると、日本人も資産を海外に持ち出す動きが活発化することが想定されます。いわゆる「資本逃避」です。また、日本人の資産の大部分は銀行に預けられていますが、日本人が日本を見限って、銀行に預けているお金を引き出すようなことにならないとも限りません。すると、日銀も国債を買い支えることができなくなる。

これは起きてほしくないシナリオですが、日本の財政で通称、「ワニの口」と言われる一般会計歳出と税収の差は、口がパックリ開いたままで、むしろその開きは拡大傾向にあります。このままのんびり構えていたら、ゆくゆくはこうしたシナリオが現実のものになる可能性もないとは言えません。

経済ショックは為替をこう動かす

——先ほど為替の変動が大きくなっているという話を聞きました。その背景には経済ショックなど、金融市場を脅かすリスクが増していることも関係しているのでしょうか。

いい質問ですね。その通りだと思います。コロナやロシアによるウクライナ侵攻でグローバル経済が潜在的に持っている問題が浮き彫りになったことは一つの象徴と言えるでしょうね。

気候変動は年々激しくなっています。異常気象は農産物に影響を与え、食品価格を高騰させています。インフレ傾向も、多くの先進国で同時に見られます。経済のグローバル化によって、経済や金融市場のショックは世界に波及しやすくなっています。

一方で、世界経済のブロック化も進んでいます。これが顕著になれば、市場が分断され、モノの移動や供給面にも影響が拡大する恐れがあります。

世界経済の中心であるアメリカも危うさを増しています。2024年11月は大統領選挙がありますが、民主党のバイデン現大統領に対抗する共和党候補は、トランプ前大統領となりました。どうしてまたこの2人になってしまったのか、不思議でなりませんが、聞くところによると、他の候補者はみな、次回2028年の大統領選に賭けているようです。

そのときには再び候補者乱立となる可能性もありますが、ウクライナ情勢や、その他の地政学的リスクを踏まえれば、この4年間は極めて重要になるはずで、アメリカ内で分断や混乱が生じていることは、世界の不確実性をいっそう高める恐れがあります。

さまざまなリスクが顕在化すれば、必然的に為替が大きく変動することは避けられず、その意味でも2024年後半から2025年は為替の大きな変動に注意しておく必要があります。

――経済・金融ショックのとき、これまで為替はどう動いたのでしょうか？

2008年、リーマンショックのときは円高になりました。2016年6月、イギリスが国民投票により、EUから離脱する、いわゆる「ブレグジット」のときも、イギリスの問題にもかかわらずグローバルに株安になり、為替は円高になっています。近いところでは2023年3月、アメリカのシリコンバレー銀行が破綻して、いよいよアメリカ経済が危険な状態になるのでは、という不安が広がったときも円高になりました。

——これらのとき、安全資産として日本円が買われたのではないのでしょうか。

解説ではそういう言い方も聞かれましたが、外国人が安全だからという理由で円を買うことはほとんどないことは前述の通りです。一時的に日本の短期国債を買う投資家も一部にいて、それは安全資産としての位置づけになるかもしれませんが、ごく僅かです。

これらに共通するのは、経済の先行きに不透明感が広がったこと。これにより、海外に投資する日本人のお金の量が減るのに加えて、海外に投資しているお金が日本に戻ってくることによる経常黒字に起因する潜在的な円高が、表面に出たということです。

あとは、一部には「リスク回避＝円高」という公式が投資家の頭のなかにあるのも事実ですから、それを見越して円を買った投資家もいるでしょうね。

短期の投機筋でプログラム売買をしている投資家もいて、そのなかにはある条件、たとえば一定の幅を超えてダウ平均株価が下がるなどのリスクが起きれば、自動的に円買いをするよう設定されているものもあるようです。そうした動きが出て、それらに便乗する買いが出たことで、円高が加速した可能性もある。これらの複合的な要因が関係していると思われます。

自然災害で為替はこう動く

――経済ショックではありませんが、自然災害も為替に影響しそうです。自然災害時、為替はどう動くのでしょうか。

印象に残っているのは、3・11東日本大震災です。震災が起きた3月11日は金曜日で、時刻はまだ東京時間の取引中でした。そのとき、為替はどう動いたか。震災の直後、確か瞬間的には円安になったものの、しばらくすると急激に円高に振れました。

災害の当事者が日本なのに、その日本の通貨が買われるのは、理屈に合わない。矛盾していると思うかもしれません。なぜ、円高になったのでしょうか。

機関投資家の間では、「資金回帰が起こった可能性が高い」と言われています。海外で運用していた資金を国内に戻したということです。

しかし、あの頃、生保などの大手機関投資家が大量に円を買ったというデータはありません。実は、真相は今もはっきりしないのです。

これは推測ですが、資金回帰的な動きが大量に出るのではないか、そうなれば円高だ、と連想した投機筋が大量に円を買った。その結果として円高になったのかもしれません。

仮に今後、首都直下型地震が起きれば、日本経済の中枢が被害を受け、経済や生産が完全に壊滅的に麻痺する危険も高い。だとすれば、海外にあった資産を国内に戻す動きが多少出たとしても、国内から出ていくお金のほうが大きくなる可能性もあります。

だとすれば、円安になることも考えられますから、必ずしも東日本大震災と同じ動きになると思わないほうがよいと思います。

――その場合は地震で物理的に被害を受け、そのうえに場合によっては円安で資産が目減りする危険があるわけですか。地震は防げないとしても、経済的な損害を抑えることはできますか？

その一つの方法は外貨資産を持つことです。円が売られてドルが買われたとしても、外貨投資してきたものを売って円に換えれば、多少は補塡《ほてん》になるでしょう。自分が海外に逃げるのは難しい人も、これならできると思います。

――自然災害とともに、大きなリスクに戦争があります。戦争など地政学的リスクは、為替にどう影響するのでしょうか。

これはさらに予測が難しいですね。あくまで一般論として理解してほしいのですが、まず戦争が起こるときは、ドルが上がりやすい。いわゆる「有事のドル買い」です。同様にスイス・フランも値上がりする傾向があります。市場や経済が不安定になるから、少しでも安全なところにマネーが向かいやすいということです。

このとき、経済の不透明感が増して株価が下がると、円は高くなる場合がある。特に新興国通貨に対して円高が進むケースが多いです。そもそも新興国通貨はリスクオフには弱いですから。

また、特に中東情勢が不安定化すると、大きくドル高が進む例が多いようです。イスラエルとハマスの衝突は地政学的には大きなリスクで、このまま進めば第三次世界大戦に発展しかねないとも言われるほどの大きなリスク要因となりましたが、このときにはドルが買われました。この結果、ドルに対し円は売られ、円安となりました。

地政学的リスクで為替はどう動くか

――地政学的リスクでいえば、日本は北朝鮮のミサイルに加えて、台湾海峡を巡る問題も懸念されています。日本が円安なのは、それも関係があるのでしょうか。

リスク回避の場合でも、特に戦争の際に買われる通貨は、ドルかスイス・フランが中心です。スイスは永世中立国だから、戦争とは無縁です。だから安全だろう。アメリカは世界最大の軍事大国で、世界で一番強い。世界に戦争が広がっても、勝つだろう。そうした連想が働きやすいためです。

では、日本円はどうでしょうか。戦争状態に強いかどうかという点で言えば、東アジアで最もホットな地域のすぐ隣なのは確かです。中国やロシアにも近い。しかも、日本独自の軍備は十分とは言えません。その意味で、戦争が懸念されるときに積極的に買われる通貨とは言いがたいと思います。

世界的に先行きの不透明感が増せば、日本人が海外資産を引き揚げるため、円高になる場合もあると言いましたが、**日本がリスクの当事者や当事者に極めて近い場合は、日本に資産を置くことのほうがリスクになる可能性がある。むしろ、海外に資産を持ち出す動きが出る**かもしれない。キャピタルフライト（資金が資本市場から逃避すること）的なことが起きれば、これも円安要因になります。

——アメリカとロシア、または中国が直接争う可能性は低いと思いますが、代理戦争のようなことがこの先起こる可能性はあるかと思います。そのとき、為替はどのように動くのでしょうか。

世界的に極端なリスクオフに陥った場合に、世界の基軸通貨であるドルは強くなりやすいという点は、頭の片隅に入れておいたほうがよいと思います。

たとえば、2020年のコロナショックのときには、初動としては急速な「リスクオフの円高」でしたが、その後、3月11日に世界保健機関（WHO）が「新型コロナウイルス感染症の流行は、パンデミックである」と宣言すると、市場全体がパニックに陥り、投資家があらゆる資産を現金化する動きが加速しました。

ドル・円は大きくドル高・円安に振れ、グローバルにパニック的なドル買いとなったのです。これは典型的な「有事のドル買い」です。世界の貿易取引や金融取引、あるいはさまざまなビジネスの資金決済の通貨としてドルが使われているわけですが、ドルが枯渇すると困るので、途端に皆がドルの調達に走る、という動きになるのです。

金融市場でディーラーをしている友人がうまいことを言っていました。「生活必需品のトイレットペーパーを、災害のときにみんなが買いに走ってスーパーの棚から消えるのと同じだね」と。

世界の金融市場において、基軸通貨であるドルは、まさに「生活必需品」と言える存在なのです。

――ドルの強さがわかるエピソードですね。次からはニュースなどで報道される為替について深掘りしたいと思います。

第3章 為替がわかるとニュースがさらに面白い！

為替関連のニュースの不思議

――ニュースでは「現在の円相場は150円10銭から20銭で取引されています」などと言っています。あれは為替は瞬時に変動するが、だいたい10銭から20銭の間で売り買いされているという意味ですか。

あの表現も誤解を招く表現ですね。質問のように「10銭から20銭の間」で取引をされているように思う人も多いのですが、そうではありません。

低い数字が買値《かいね》（Bid《ビッド》）で、高いほうが売値《うりね》（Offer《オファー》）。つまり、今、円でドルを買いたい人は高いほうの値段（売値）で買い、ドルを売りたい人は安いほうの値段（買値）で売れる状態にある、ということになります。

――なるほど。同じように「東京外国為替市場の円相場」や「ニューヨーク市場の円相場」という言葉も聞きますが、株では東京証券取引所が日本橋兜町《かぶとちょう》にあるのは知っていますが、東京外国為替取引所は存在するのですか。

そこも勘違いされやすいところですね。東京外国為替市場の円相場というと、東京証券取引所のような場所があると思われがちですが、そうした施設は存在しません。

かつては各地にあるディーリングルームが電話で結ばれ、銀行間市場で取引の仲介を行っている短資会社（ブローカー）が取引をつなぎ、直接的にはお互い電話で売り買いをしていましたが、今はほとんどが「ＥＢＳ」という電子ブローキングシステムを介して行われています。市場といっても、世界中の銀行がインターネットでつながった仮想市場のようなものと考えてください。

――では東京外国為替市場とは、いったい何を指しているのでしょう?

インターバンク市場における為替取引は週末や元日などの世界的な休日を除き、世界で24時間行われているのですが、グローバルで見ると、地域ごとに取引の中心になっている時間帯があります。

たとえば、**東京が取引の中心になるのは日本時間の午前9時から夕方5時あたり。ロンドンが中心になるのはそのあとで、ロンドンの次はニューヨーク。それぞれ最も熱く取引される時間帯を一般に「東京市場」「ロンドン市場」「ニューヨーク市場」などと呼んでいる**のです。

「日本のポンドとイギリスのポンドは価格が違うのですか?」と聞かれることがありますが、それはありません。**為替は常に世界中、どこでもその時間、同じ価格で売り買いされています。**

――株式市場の価格決定には個人も参加できますが、インターバンク市場で、為替レートの決定に参加しているのは誰なのでしょう。個人も参加できるのですか？

インターバンク市場に参加できるのは「マーケットメイカー」と呼ばれる大手の銀行だけです。それは企業などから為替の注文が入ったときにレートを提示する資格がある銀行を指します。外為取引をする資格がある金融機関と言い換えてもいいでしょう。

このマーケットメイカーと呼ばれる金融機関同士が、「インターバンク市場」で、常に激しく売り買いをぶつけ合って、その結果として私たちが目にする為替レートが決まっていきます。具体的に説明しますね。

為替市場の円相場において、150円10銭から20銭などという数字は、「ビッド」と「オファー」と言います。安いほうがマーケットメイカー、すなわちレートを提示している側の買値、高いほうが売値で、提示されているレートで取引したい金融機関にとっては、安いほうが売値、高いほうが買値だということはすでにお話ししましたね。

低いほうのビッドはその瞬間、マーケットメイカーにとっては世界中の銀行のなかで出ている一番高い買値になりますし、オファーは最も低い売値となります。
要は、ビッドはこの値段なら買ってもいいよ、と提示されているなかで、一番高い値段ということになります。
たとえば、ある人が「150円20銭」で売りを出して、買い手が現れるのを待っていたとします。しかし、買い手がまったく現れない。すると仕方なくオファーを「150円15銭」に値下げする。それでも買い手がつかないと、「買いたい値段」、つまりビッド側も、それまでの「150円10銭」から「150円8銭」などに下がっていき、最終的にどこかで折り合った値段が、そのときの為替レートになるのです。

――売値と買値の差、つまり値幅は一定なのですか？

そうではありません。2つの値段は、それぞれ金融機関が買ってもいいと思う価格（レート）と、売ってもいいと思うレートだということは説明しましたが、両者の需給でレートのスプレッド（価格差）も変わります。

相場の変動が激しくなるとき、特に一方向に大きく動くときなどは、レートの開きも大きくなりがちです。レートが急落しているときなどは、買ってもいいと思うレート（ビッド）がどんどん下がる。ただ、売る側からすれば、できるだけ高く売りたいため、あまり低いレートで取引したくはありません。需要に供給が追いつかない状態で、このため、買いと売りの間が大きく開いてしまうわけです。

ちなみに、ＦＸなど個人向け取引のビッドとオファーの幅も競争が激しくなる中、近年インターバンク市場並みにどんどん狭くなっており、１銭を切るケースも出てきています。

為替の取引規模が大きくなったことで、買いも売りも注文が集まるため、両者の差が小さくなっているのです。あとは、インターネットの速度が上がったことで、瞬時に取引が成立するようになったこともあり、小さな値幅でも利益が取れるようになったのでしょうね。

世界の為替市場に関する疑問

――為替市場は24時間開いていることはわかりました。ただ、東京時間よりニューヨーク時間のほうが値動きが激しい印象があるのですが、どうしてでしょう。

東京時間の21時から23時頃は、特に激しく動くことが多いのは確かです。それはアメリカのニューヨークでは夏時間の8時から10時が重要な経済指標の発表時間だからです。アメリカでは要人の発言も多い。要するに注目度の高いイベントが、この時間帯に集まっているからです。しかも、経済の中心はアメリカなので、為替市場に影響が大きい指標はアメリカから発表されることも多いですね。

――やはり為替取引の中心はアメリカ、ニューヨークですか。

株式取引はニューヨークが世界の中心ですが、為替取引で最も取引量が多いのはイギリス、ロンドン市場です。それは「東京時間」と「ニューヨーク時間」に挟まれているため、ロンドンが始まった頃は東京の市場参加者はまだ仕事をしているし、ロンドンが終わる頃にはニューヨークの早起きの参加者は取引を始めている。東京やニューヨークでは、それぞれ取引は薄くなっていますが、その時間帯に注文を受けることがある。そのため、ロンドンにオーダーが集まりやすくなるわけです。

——電子取引なら、東京やニューヨークから直接注文を出せばいいのでは？

仕組みとしては24時間取引ができるといっても、そこで働く人は休みが必要です。東京時間が終わったあとに取引をしたいと思っている商社があって、いつも取引している銀行に電話で注文をしたとします。

銀行の担当者が夜に電話で注文を受けるのですが、夜勤の担当者は人数が少ないため、すべての注文に対応するのは難しい。そこで自行のロンドンにあるディーリングルームに注文の執行を依頼したり、場合によっては親しくつきあっている外資系金融機関に代行してもらうこともあります。

そうしないと、取引が薄くなっている東京だけで取引相手（買い注文を受けた場合は売ってくれる相手）を見つけるのは難しいし、マンパワーとしても瞬時に変動する為替相場で、顧客が希望しているレートで取引を成立させるのが難しいからです。

ただ、こうした海外の担当者や外資系銀行に取引の代行を依頼する作業も、実際にはその都度、電話で頼むわけではありません。それぞれのディーリングルームはネットでつながっています。

東京では対応できないことがわかるので、ロンドンの担当者が即カバーする。そうした体制が整っていることが、顧客からの信頼につながります。

――世界の為替市場のなかでの日本の地位はどの程度なのでしょう？

かつては東京と香港がアジアの金融センターを競っていた時期もありましたが、取引量で東京はシンガポールに抜かれているのが現状です。

外資系金融機関も日本にスタッフを置かないところが増えてきました。残念ながら、東京市場は金融マーケットの世界ではローカル化しているのは事実です。

それに対し、シンガポールは国をあげて金融立国を目指しています。何より金融取引で得た利益に課せられるキャピタルゲイン課税（株などを売ることで得られる利益に対する課税）がないのは大きな魅力ですし、もともと法人税が17％と低いうえ、グローバルにビジネスを展開する金融機関がシンガポールにアジアのセンターを設置すると、さらに減税してくれる特例も設けています。

しかも、多くの国民が英語を話せるため、仕事がスムーズに進む。結果、世界から多くの金融機関がシンガポールに集まっているのです。

市場の地位が下がってもたいしたことではないと思うかもしれませんが、それは間違いです。投資マネーが日本に入らなくなるのは、いいことではありません。

――シンガポールは金融取引で得た利益にかかる税金がないのに、儲かるのですか？

キャピタルゲイン課税をゼロにすれば、そのメリットを求めて多くの投資家とマネーが集まります。お金と人が集まれば、消費が増える。消費税的なものは当然、増収になる。経済が発展し、企業が儲かれば、法人税も入る。キャピタルゲイン課税をゼロにしても、それを上回るメリットがあるということであり、とても戦略的なのです。

——日本も金融立国を目指すと言っていますよね。特にアベノミクス以降、規制緩和が叫ばれていますが、結果が出ていないということですか？

残念ながら金融市場に限れば、十分とは言えません。政府も頑張っているのでしょうが、海外からは評価されていないということかもしれません。

イギリスのシンクタンク「Z／Yenグループ」が年2回公表している「国際金融センター指数（GFCI）」などを見ても、東京市場の金融センターとしての国際競争力は、世界の金融市場のうち、19位にランキングされています。

121の金融センターのうちの19位なので、上位に見えますが、このランキングではニューヨークが1位、ロンドンの2位に次いで、3位がシンガポール、4位が香港、5

位がサンフランシスコ、6位が上海、ソウルも10位にランキングされており、アジアのメジャーな金融センターのなかでも下位に位置づけられていることはとても残念です。

——どうしてそうなったのでしょうか。

新NISAでだいぶ変わってきたとはいえ、日本では投資に対してネガティブな人が少なくありません。そのため、日本に魅力を感じない海外投資家が多いのではないでしょうか。また、先日ロンドンに出張して、ヘッジファンドの友人に会ったときのことですが、日本の金融センターに話が及んだ際に、興味深いことを聞きました。

その友人曰く、イギリス人の同僚などの話を聞いている限り、日本の金融市場で働きたいと思わない理由として、よく言われる「英語が通じない」などの言語の問題や税金が高いという点はさほど重要ではないとのこと。どちらかというと、教育環境の問題が大きいそうです。子どもをぜひとも通わせたいと思うような質の高い中学、高校、大学があるかどうかが、家族を連れて日本に転勤し、日本の金融市場で働きたいと思うかどうかのポイントだと言っていました。

海外のビジネスパーソンは、実は子どもの教育に非常に熱心で、良質な教育さえ受けられれば、日本は安全で歴史や伝統もあって、食事もおいしく物価も安いので、住みたいと思うのではないか、との意見は興味深く思いました。

ハイパーインフレになると、為替はどうなる？

――日本はハイパーインフレになって、いずれ金融市場もパニック的状態になると主張する専門家がいます。どう思いますか？

確かに、日本は2%の緩やかな物価上昇率を目指していますが、極端なインフレや急激な金利上昇には、弱い体質であるのは事実だと思います。極度のインフレになれば、それを抑制するため、日銀は利上げをしなければならなくなります。そうなると、政府にとっては借金の利払い負担が増えることになる。加えて利上げするということは、日銀の当座預金（バランスシートの負債サイド）の金利を上げるということです。

しかし日銀が過去に買ってきた日本国債（資産サイド）の金利（クーポン）は低いままです。したがって、ようやく物価が上昇してきた今の日本ではなかなか考えにくいものの、何らかのきっかけでインフレが急加速し、日銀が大幅な利上げを強いられる環境になれば、バランスシート上は将来、大量の国債を保有する日銀が債務超過に陥る可能性も否定できません。

――そうなると、ちょっと怖いですね。

あくまでも仮に、の話ですが、日銀が債務超過になったら、それこそ通貨の信認は損なわれ、円が急落することになります。エコノミストや経済学者など、有識者の間で、日本財政の深刻度合いに対する見解は異なるものの、日銀のイールドカーブ・コントロール（YCC）という政策を長く続けることについては否定的な意見が多かったのは、一部にはこうした懸念もあったからだと思います。

YCCとは、日銀が2016年に導入した「10年物国債の利回りをゼロ％付近に保つべく、上限を設けずに必要な金額の長期国債の買い入れを行う」という金融政策です。簡単に言うと、国にとってみれば、金利はほぼゼロで、いくらでも国債の発行（借金）が可能であるわけで、財政規律が緩む傾向を生みやすくなるのです。

しかし、2024年3月の金融政策決定会合で、日銀はマイナス金利政策を解除したうえ、YCCも廃止することを決めました。異例の金融緩和の正常化へ向けた、重要な第一歩と言えます。

――それにしても、自分の周りで国債を買っている人の話はほとんど聞いたことがないのですが。

現実には国債を買っているのは、日銀や民間の銀行などです。ただ、銀行のお金は、皆さんが預けたお金ですから、間接的に国債を買っているのと同じと言えます。だから、取りつけ騒ぎのようになり、人々が銀行に預けているお金をこぞって引き出すような事態にならない限り、国債が売られて暴落することもないと言えるわけです。

とはいえ、国内で国債をまかなえているからどれだけ借金しても大丈夫というのは、やや疑問です。

——借金をしても財政出動をして景気をよくするほうがいい、という考え方も一時もてはやされましたよね。

いわゆる現代貨幣理論（ＭＭＴ理論）のことですね。一時期、話題になりました。簡単に言えば、「自国通貨を発行できる政府は、財政赤字を拡大しても、債務不履行になることはない」「財政赤字でも国はインフレが起きない範囲で支出を行うべき」ということですが、まさにこれは「大幅なインフレにならなければ」という条件つきの話であることには注意が必要です。

アカデミックの世界では、いろいろな理論が学者の間で議論されていますが、重要なのは財政破綻しないよう、私たち国民も国の税金の使い方をチェックすることです。

また、国に対して単に減税などのバラマキを求めるのではなく、私たち国民自身が社会や国を支えるという意識を高めていくことや、日本経済を成長させるにはどうすべきかを真剣に考えることが必要になってくると思います。

――確かにそうですね。ただ、将来の万一の財政危機リスクに備えて、個人ができることはありますか。

確率は非常に低いけれども、想定外の環境悪化が実際に起こるリスクのことを「テールリスク」と言いますが、そうしたテールリスクに備えておくことは、悪いことではありません。

たとえば、資産の一部をドルなどの外貨にしておくことでしょうか。極端な円安になっても、資産の一部が外貨であれば、それを売って円に換えれば、円が目減りした分を補うことができるかもしれません。ただ、パニック的な状態で、銀行が通常の営業ができるのか、という問題があるのも確かです。

過去に財政危機に陥った国では、銀行に預金を引き出す人が殺到して、取りつけ騒ぎのようなことが起きましたし、一部、預金を引き出せない事態も起きたはずです。資産の一部として外貨、特にドルを持つことは大いに賛成ですが、それはあくまで、日々生活できるだけの円建ての資産を除いたうえで、残りの資金から積立などで購入していくのがよいと思います。

為替介入は効果があるのか

——為替介入については〈要人発言〉のところでも出てきましたが、為替が急激に円安になると、国による為替介入があるかもしれない、という話がニュースで取り上げられることがあります。為替介入について詳しく教えてもらえますか。

一言で言えば、いきすぎた為替市場を、いったん落ち着かせる行為です。正式名称は「外国為替平衡《へいこう》操作」といい、通貨当局が為替相場に影響を与えるために、外国為替市場で通貨間の売買を行うこと。財務大臣の権限において実施され、財務大臣の代理人として為替介入の実務を遂行するのが日銀です。

最近の為替介入は、もっぱらいきすぎた「円安」を沈静化するために行われていますが、かつてはいきすぎた「円高」に歯止めをかけるためのものでした。つまり、当局が円を売ることで、円安にしていたのです。

1990年代以降、日本は長らく物価が上がらないデフレで、為替は円高が続いてきました。しばしば、円高が加速するような局面で、この流れを止め、反転させるために、ドルを買い、円を売るのが、介入だったわけです。

ところが2022年以降で話題になっている為替介入は、いきすぎた円安に対して行うもの。こうした円買い介入は過去を振り返ると1997〜1998年に行われたのが最後で、2022年の円買い介入は実に24年ぶりでした。

久々に強力な介入を実施し、それなりに効力は発揮しましたから、あの時点では、まさか翌年以降も引き続き、円買い介入を検討しなければいけなくなるとは思わなかったでしょうね。

——円高介入の時代も含めて、こうした介入はうまくいったのでしょうか。

即効性があるかといえば、効くまでにタイムラグがあるケースのほうが多かったように思います。

たとえば2003年は年初、ドル・円が120円台でスタートし、年末には105円台と、通年で円高が進んだ年で、この間ずっと介入が続けられ、通年で約20兆円、翌2004年の3月までで通算35兆円もの円売り・ドル買い介入が行われましたが、円安方向に効力を発揮し始めたのは2004年の4月からでした。なので「後から効く冷や酒介入」と呼ばれたのを覚えています。

また、2011年も東日本大震災の直後に為替が一気に1ドル＝80円を割り込む急激な円高となりました。このときは、日米欧の協調介入によって、いったん大きく円安に戻しましたが、その後、再び秋にかけて円高が進行。10月には75円35銭をつける展開となりました。この間8月から11月に、断続的に円売り・ドル買い介入が続き、介入規模は合計約13兆円に上りましたが、これも効き始めたのは翌2012年2月頃からです。

介入はその時々の経済状況や諸外国の理解が得られるかどうかなど市場環境によって

変わってきますが、やはり海外の政府・中央銀行と協力して同時に行う「協調介入」が、最も即効性があるように思います。

また、介入を市場がどう捉えるかどうかでも、効力には差が出ます。特に円安阻止の介入の場合、政府が持っている外貨準備を取り崩してドルを売るわけですが、難しいのは、外貨準備のうちすぐに使えるキャッシュの量がわかっていることです。ですから、投資家に「残高から言って、おおよそ今回の介入は10兆円程度だろう」などと見積もられて、「どうせ効かないのでは?」などと思われてしまうと、効力は半減する場合もあるでしょうね。

――しかし2022年の介入は、円安阻止ですが、それなりの効果があった気がします。

2022年の介入では、介入後、外貨準備における「外貨証券」という項目の金額が大きく減っていました。それを見て「外債(米国債)を売ったのではないか」という噂《うわさ》が市場では流れました。仮に円安阻止のために米国債まで売るのであれば、際限なしに、とまでは言わないまでも、相当大規模なドル売り介入ができます。市場関係者も、これは政府が本気なのだ、と考えた。その結果、一気に為替が円高に振れたのです。

介入時、神田財務官は「いくらでもできる」と発言していましたが、まさに戦略勝ち、といったところでしょうか。ただ、注意すべきは、**確かに国が保有している米国債などを売れば相当な額のドル売り介入ができますが、アメリカ政府がそれを認めるかどうかは別問題**です。また、**そもそも米国債を売れば、アメリカの金利が上昇してさらに円安・ドル高になる可能性がある**点も、忘れてはならないポイントだと思います。

いずれにせよ、2022年の介入は相当程度、アメリカとは事前に調整し、理解を得られたうえで行っているように思いました。市場参加者もそれを感じ取ったので、比較的早期に効果が現れたのだと思います。

——2022年は9月に1回、10月に2回の計3回介入したと聞きました。3回に分けたことに意味はあるのでしょうか。

まず、回数についていえば、為替介入の方法もさまざまで、たとえば２００３年のようにほとんど毎日のように介入することもあるし、２０２２年のように大規模な介入をドン、ドン、ドンとやる場合もあります。２０２２年９月22日の介入実績は約２・８兆円と、１日の介入規模としては、１９９８年４月10日の２・６兆円を超え、過去最大となりました。回数は少なく、１回の金額を大規模にしたことで、効率的に効果を発揮することができたのではないかと思います。

近年、海外のヘッジファンドなどの投機的マネーは規模が大きくなっており、ある程度の規模で介入しないと、流れを変えられません。その点、あのときは絶妙なタイミングで３回に絞ることで、介入資金を集中させたのは正解だったと思います。

――絶妙なタイミングとは具体的にいうと？

当時、まだまだ円安が進むと多くの投資家が考えていて、円ショート・ドルロング

（円を売ってドルを買っておく、つまり円安になると儲かる）のポジションも相当積み上がっていました。

ポジション、つまり投機筋の持ち高が一方向に傾いているとき、逆の動きが起こると、慌ててポジションをクローズ（清算）する動きが出て、その動きが速ければ速いほど、投機筋が利益を減らしたり、損をすることになります。このケースだと、円高になったにもかかわらず、投機筋にドルを売って円を買い戻すことで損切りをさせ、相場を反転することを目指しているのです。

２０２２年10月に１５１円95銭をつけたドル・円相場が、翌年の1月にかけて１２７円台まで円高・ドル安になったのは、円買い介入の効果ももちろんありましたが、アメリカの経済状況の変化も大きく影響しました。**ちょうどあの時期、アメリカのインフレがやや収まるのではないかという期待が膨らんだ**のです。

逆ＣＰＩ（消費者物価指数）ショックと言われましたが、11月に発表された10月のアメリカの消費者物価指数が市場予測を下回る結果となり、それでこれまで続いた利上げの効果がようやく出始めた。アメリカの景気もいよいよ減速しそうだ。だとすれば金利は下がるからドル安だ、と市場は連想し、実際に発表後、一気にドル安が進みました。

このように、介入のタイミングや規模だけでなく、アメリカ側の状況や、取り巻く経済環境、センチメント（市場の雰囲気）なども、介入の効果に大きく影響するのは重要なポイントです。

つまり、2022年のケースですと、アメリカの経済指標が、介入の援護射撃になったと言ってもいいかもしれません。


——利上げの効果で、いずれアメリカ経済が鈍化して金利が低下する見通しがあったのなら、大金を使って介入しなくても円高・ドル安になったのではないですか？


長い目で見れば、その可能性もあったかもしれません。ただ、実際にどうなるかはわからないですし、現に円買い介入の翌2023年は通年で円安・ドル高が進み、秋には再び151円台をつける展開となりました。

もしあのとき介入していなかったら、年初も127円台より円安の水準だったでしょうから、もっと円安になったかもしれません。
またアメリカの景気が予想外に底堅く、当時の見方よりも、アメリカの利下げに対する期待はだいぶ後退していきました。このように、為替レートは想定している通りにはなかなか動かないので、2022年の介入は、意味があったと言えるでしょうね。

——2023年に、前年の円安・ドル高のピークであった151円台になっても、政府・日銀は円買い介入をしませんでした。ところが、151円台をつけた後は、再び円高・ドル安になりました。介入しなかったのに、なぜ円高に振れたのでしょうか。

まず、なぜ介入しなかったのかということから説明しましょう。神田財務官からは、介入を「勝つためにやる」という気概が感じられ、中途半端な規模の介入はしない気がしました。その観点でいえば、当時も投機筋の円売りポジションは大量に溜まっていましたから、あそこで介入すれば、ある程度の効果は期待できたはずです。
しかしアメリカ経済が強く、金利が高い状況では、効果に限界がある。そう判断して、介入をいったん見送ったのではないでしょうか。

しかし、このとき神田財務官は介入状況の準備について記者に問われた際に、「スタンバイ状態だ。マーケットの状況を、緊張感を持って見ているなかで判断する」と述べています。前にも説明した通り、「スタンバイ」ということは、本当にいつ介入があってもおかしくない状況だったということです。

しかし、前年の151円台の水準で介入すれば、この「151円台」があたかも政府として死守したい水準のように見えてしまう。そうすると、「もしも、その水準を超えたらどうなるのか」と、投機筋がかえってチャレンジしてくる可能性があります。

あくまで憶測ですが、余計な思惑を呼ばないように、おそらく水準としてはもう少し引きつけてから、153～155円あたりなどで介入しようと思っていたのではないでしょうか。

では、なぜ介入していないのに、151円台をつけた後、円高になったのか。一つには、前年に介入があった水準に達したことで、再び介入があってもおかしくないと多くの投資家が考えた。その結果、一部の投資家が先回りして円を買ったことをきっかけに、他の投資家がそれに続いたために、一気に2円以上円高になったのだと思います。

その意味でも、前年の介入が成功したことの意義は大きかったと言えるでしょうね。

また、2023年11月も、前年と同じように、アメリカの消費者物価指数が市場予想を下回ったりしましたので、市場でFRBの利下げ観測が高まったことも、円高・ドル安を誘発したと思います。

――円買い介入の際には、2022年や2024年の介入のように、いったんは大きく円高になった後、じわじわと円安に戻るケースが見られます。ということは、為替介入直後に円売り・ドル買いをすれば、短期間で利益を得られるのではないでしょうか？

確かに、ケースバイケースではありますが、為替介入で大きく相場が動いた直後は、いったん相場が反発することもあるので、その機会を狙って円売り・ドル買いするという投機的な手法もあるかと思います。

しかし、短期的にはうまくいくケースもあると思いますが、長期目線の「投資」には向きません。ひとたび通貨当局の思惑通りに相場が動きだしたら、損失を抱えるリスクも大きいですから、このような取引をする場合は、できるだけ早めに手仕舞うことをおすすめします。

アベノミクスが円安をもたらしたのか
――アベノミクスによって円安が進んだ気がしますが、いかがでしょうか。

アベノミクスでは、政策として三本の矢を掲げていました。「金融緩和」「財政出動」「成長戦略と構造改革」をセットで行うというものです。2013年4月、日銀の黒田総裁は「2年でマネタリーベース（日銀が市場に供給するお金の量）を2倍にする」と明言しました。これで市場は、ようやく流れが変わる、と感じたことで、為替も一気に円安が進みました。

しかし、実はこれ以前から、すでに為替は円安・ドル高トレンドに転換し始めていました。前任の白川方明《まさあき》総裁のとき、政府と日銀が取り交わした政策協定（アコード）には、2％のインフレ目標と成長戦略、財政健全化という3つの方針が盛り込まれました。新たな政策の導入という大きな判断だったため、日本のデフレ脱却に対する期待が高まったのです。

もっと言うと、前年の11月の段階で、当時の安倍自民党総裁は、政権獲得後の政策構想として「インフレ目標の導入」を決めていましたから、そのころから円安がじりじり進んでいたのも事実です。

――今は確かに円安になったし、デフレも収まった感が出てきました。ただ一方で、国民が豊かになったかというと……。

アベノミクス以降、為替は円安に流れが変わりました。そのおかげで輸出企業を中心に、企業業績もよくなった。それ自体はアベノミクスが目指したことでしたが、今や大幅な円安とともにインフレが進んでいます。

一方で、企業は儲かり、経済は元気になったものの、個人の生活はなかなかよくなりません。むしろ苦しいと感じる人が増えてしまいました。それは、物価の上昇に対して、賃金の上昇が追いついていないからです。結果、実質的な可処分所得（税金や社会保険料を除いた所得で、自由に使える手取りのこと。インフレによる目減りも考慮）は減ってしまった。一般庶民が苦しいと感じることが大きな問題なのは間違いありません。

――最近ではアベノミクスが失敗だったという意見もよく見ますね。

アベノミクスの三本の矢のうち、金融緩和による円安は時間稼ぎのためのもの。円安で企業業績を急回復させ、景気がよくなっている間に構造改革や規制緩和を進め、経済構造自体を改革、成長戦略を推し進めるというのが当初の計画でした。

ところが規制改革や構造改革に取り組もうとしたら、円安で景気もよくなっているのだから、痛みをともなう改革などしなくてもいいのではないか、という反発を受けた。その結果、金融緩和だけが長く続いてしまったのです。成長戦略は小粒に止まり、その状態で経済を維持すべく、金融緩和を続けざるを得なくなった。超低金利からなかなか抜け出せなくなったのは、そのためです。新型コロナによるパンデミックも、金融緩和からの出口戦略をさらに遅らせる要因となりました。

――期限を設けるべきだったのですか？

当初は2年という期限を明確に立てていました。当時の黒田日銀総裁は、2年でマネタリーベースを2倍にして、2％のインフレを実現すると、明言しています。この時点では非常にわかりやすかった。黒田バズーカが効果的だったのも、はっきり目標があったからでしょうね。

ところが、いつまでたってもインフレにならない。為替も円高に振れてしまう。それに対抗するため、量的緩和をさらに推し進めるなど、エンジンをふかし続けた。最終的にはYCCといって、10年債の利回りをゼロ％にピン留めするという禁じ手まで出さなければいけなくなったことはすでに述べた通りです。オーバーシュート型コミットメント（物価上昇率が目標値を過ぎるまで金融緩和継続を公約すること）やマイナス金利政策の導入など、政策がどんどん複雑になってしまい、もはや国民には何をやっているのかよくわからなくなってしまったのは誤算だったはずです。

日銀は今、金融政策の正常化に向けて、その絡んだ糸を一本一本ほぐしにかかっています。時間のかかる作業だと思いますが、重要なプロセスです。

また、異次元緩和導入時に掲げていた「成長戦略」が改めて重要になってくると思います。金融政策は魔法の杖ではありません。困ったときの「日銀頼み」ではなく、規制改革や構造改革を進め、民間の成長を促していく必要があると思います。

——そもそも国や日銀は、アベノミクスで何を目的にしていたのでしょうか。

日銀としては2％の物価上昇です。最近は賃金と物価の好循環という言われ方をしていますが、そのこと自体は黒田総裁が登場した当時からなんら変わっていません。それに向けて、ひたすら金融緩和を行う。ただし、いきすぎた円安は、日本経済にとって決していいことではありません。そこで円安を落ち着かせようというのが昨今の介入です。

――いきすぎた円安とは具体的に何を指しているのでしょう。

神田財務官は「過度な変動」という言葉を使っており、要は1ドルいくらが妥当かというような水準も大事ですが、それ以上に市場の変動率（ボラティリティー）が高まることがよくないと考えているようです。

前にも言ったように、円安は日本経済にとって悪いことではないけれど、あまりにそのスピードが速くなるのは問題です。輸出で稼いでいる製造業ですら、デメリットが多くなる。収益の見通しが立ちにくくなるし、輸入物価が上がることで原材料コストが上昇し、収益を圧迫するようになるのはよくない。円安によるプラスの影響よりも、マイナスの影響のほうが目立つようになることは避けなければいけません。それを落ち着かせるために、2022年には円買い介入が実施されたのです。

――今振り返ってみて、その介入は必要だったと思いますか？

日本がマイナス金利政策による金融緩和を維持して円安圧力をかけている状況で、為替相場にどれだけ介入しても、効果は限定的とも言えます。

特に**相場に大きな影響力を持つ外国人投資家からすれば、金融緩和を続けた結果、円安になっているのに、同時に介入をして円高にしようとするのは明らかな矛盾**で、理解を得るのは難しい。その意味では2022年から続く円買いの介入だけでは、大きなトレンドを変えることは期待しにくいかもしれません。

ただ、アベノミクスによる異次元の金融緩和と、その結果としての円安がなかったら、今もデフレが続き、日本経済は今よりも悪い状態になっていた可能性があります。その意味でも、2013年に打ち出されたデフレから脱却するという考え方や政策には、評価していい部分もあると思います。

インフレ、デフレにまつわる為替の疑問

――デフレは悪いこと、デフレから脱却しなければいけない、という話はよく聞きます。日銀も2％の物価上昇を持続的、安定的に達成することを目標にしています。でも、消費者の立場からいえば、モノの値段は安いほうが暮らしやすいはずです。

給料を上げることを目標にするならわかるけれど、物価を上げてほしいと思っている人は少ないはず。そう思う気持ちはわかります。

ではなぜ、物価上昇を目標にしているのか。理由は、日銀の役目は物価の安定で、賃金を上げるのは、基本的には政府の仕事だからです。

実際、日銀が金融緩和策をとったからといって、賃金が上がるとは限りません。ただ、緩和策を実施することで、市中に出回るマネーが増え、経済活動が活性化されれば、物価は上がりやすくなる。今よりも来年のほうがモノの値段が上がっているかもしれない、と多くの人が感じるようになれば、さらに消費が活発になる。そうすれば、企業は製品の価格を上げやすくなり、業績もよくなり、賃金にもそれが反映されることが期待できるわけです。その意味では、賃金上昇に日銀の金融政策が寄与することは期待できると思います。

――そもそも、なぜ日本でインフレが進まなかったのでしょうか。

円安で企業業績はよくなっても、賃金が上がらないからです。

日本の企業の大部分を占める中小企業は、グローバルにビジネスを展開している大企業ほど、円安の恩恵も受けられていません。

国内だけでビジネスを展開しているところも多く、むしろアンケート調査（帝国データバンク）を見ても、「原材料価格の上昇、燃料費の上昇などでコスト負担が増えた」といった回答が多いのが実態です。

コスト増を自社の製品価格に転嫁できるかというと、なかなかできないのが実情で、そうなると収益が圧迫され、賃金を上げたくても上げられない、という悪循環になってしまいます。

株価が上がり、円安が進んだことから投資で儲けた人もいますが、老後の不安から安心してお金を使えない人も少なくないとなると、消費は活性化しません。それもインフレにならなかった理由です。

実はアベノミクスの初期段階では、多少インフレになりました。1ドル＝75円だった為替レートが125円まで円安になったことを受けて、モノの値段が上がったのです。特に高級品ではその傾向が顕著でした。いわゆる円安による「コストプッシュ・インフレ」です。

しかし、庶民の生活のための商品の値段が上がることは、ほとんどありませんでした。賃金が上がらなかったからです。あとは消費増税もありました。

――賃金が上がらないとインフレは進まないということですか？

「賃金と物価の好循環」、つまり「よいインフレ」という意味では、そうです。円安により輸入物価の高騰でモノの値段が上がっても、賃金が増えなければ、商品を買いづらくなるので、消費が悪化してしまいます。企業にとっては売り上げが伸びない。個人の生活はさらに苦しくなる危険性もあります。

実は2024年3月の段階でも、コロナ前の2019年と比べると、まだ日本の個人消費は当時の水準に回復していません。背景には、やはりインフレで人々が節約志向になってしまっていること、加えてリモートワークなどオンライン化が広がり、人々がコロナ禍前ほど外出していないこともあげられます。

ただ、ここにきて、これまでまったく上がらなかったサービス価格が上昇し始めました。レストランも値上げし始めましたし、美容院などもかなり値上げをしだした。当然、賃金も上がる。こうして徐々にですが、モノの値段と賃金が同時に上がる好循環が生まれる気配が見えてきました。

2024年春闘の平均賃上げ率を見ると、4月2日までに回答のあったおよそ2620社の賃上げ率は、定期昇給とベースアップを合わせ平均で5・24%と、予想を大幅に上回りました。これが、個人消費につながっていくかは、これからしっかりと見ていく必要がありますが、ようやく「賃金と物価の好循環」が見えてきたと言えます。この流れを止めないようにしてほしいですね。

通貨の本質的な価値を知る方法

——日本円が弱くなっていて、日本人の買う力が落ちているという話も聞きます。イメージとしては理解できるのですが、実際にどれだけ弱くなっているのかを知る尺度のようなものはないのでしょうか。

為替レートの決定メカニズムとして「購買力平価」というものがあるのを聞いたことはないでしょうか。

購買力平価とは、教科書的にいうと、ある国の通貨建て資金の購買力が、他の国でも等しい水準となるように、為替レートが決まるという考え方です。もう少しわかりやすく説明しますね。

たとえば、りんご1個が日本で130円、アメリカで1ドルであるとしましょう。このとき、為替レートが1ドル＝130円なら、日本でもアメリカでもりんご1個が買えるので、購買する力は同じ。つまり、購買力平価が成立しているという状態です。

この購買力で見てバランスする金額はさまざまな計算方法があるのですが、代表的なものはOECDの数値で、この値が直近では1ドル＝94円前後です。

ところが現実の為替レートは1ドル＝150円を超えてきています。**購買力平価に比べて約6割も円が安くなっている**。それは別の言い方をすれば、海外のモノが日本人にとって高く感じることになっているわけです。

――購買力平価が94円なのに、実際の為替レートは1ドル＝150円だから、日本に来た外国人は、それだけ日本のモノが安く感じるというわけですね。

そうです。かつては、実際の為替レートもこの購買力平価に近い形で動いていました。デフレが進むなか、2011年まで円高が続き、1ドル＝75円になった。ところがアベノミクスが始まり、超大規模緩和をやることで、強制的に円安にした。この頃から購買力平価と為替の相関性が薄れてしまったのです。

では、なぜそんなに円の価値が下がったかといえば、過去数十年、アメリカはインフレで物価上昇が続いているのに比べ、日本はインフレどころかデフレで、モノの値段が下がっている。そのため、同じ商品でも日米でまったく違う値段で売られている状態が起きたのです。

企業業績や景況感に関しては、緩やかな円安はプラスだと言いました。それ自体は間違いないことです。しかし、10年、20年という長期で円安が続いてしまうと、日本の経済力が弱くなってしまいます。実力ベースでの円の価値が落ちているということは、必ずしもいいこととは言えません。何しろ資源や食料品などを海外に頼っている日本にとって、海外のモノを買う力が落ちるということは、死活問題にもつながります。

その意味で、円安にすればすべてがうまくいく、と声高に言うことはできませんね。

――いずれは購買力平価による計算値、1ドル＝94円に近づくのでしょうか。

理屈上は、そうです。

ただ、そのためには、モノの価値は世界中で同じである、一物一価《いちぶついっか》の法則が前提になります。世界中、りんごの価値は同じだということです。

しかし、モノの価値観は国や国民によって違いますよね。購買力平価を語る際、よくビッグマックで計算します。そのためビッグマック指数などということもあるのですが、アメリカ人にとってのハンバーガー1個の価値と、日本人にとっての価値は、かなり違いがあるのではないでしょうか。

購買力平価という理論自体、モノも人も自由に移動できる世界を仮構《かこう》するなど、あくまで理論的なものです。それに基づく為替相場のことを議論してもあまり意味がない、と言う人もいますが、大きなトレンドとしては、2011年くらいまでは比較的理屈通りに動いていたのも、また事実。大きな流れ、方向性としては正しいと言ってもいいと思います。

アメリカのインフレがいずれ収まり、日本はアメリカのようなインフレにならないとするならば、今の1ドル＝150円は割安すぎるから、ゆくゆくは円高方向に向かうのではないかと思っています。

――仮に購買力平価が150円に追いつくという形での修正が起こるとしたら、日本はどのような経済状態になると考えられますか？

それはつまり、日本がものすごいインフレになることを暗示しているということになります。

私の試算では、あくまで概算ですが、日本の消費者物価指数（CPI）の対前年比の伸び率が60％になると、だいたい購買力平価は150円くらいになります。60％のインフレというと、最近のトルコ並みのハイパーインフレですね。つまり、今1個430円のビッグマックが、来年は700円くらいになるということです。日本がとんでもないインフレに見舞われて、購買力平価が実勢レートに近づくのは、日本経済にとってマイナスです。しかし、反対に実勢レートが購買力平価に近づき、1ドル＝100円を割るなど極端な円高になるのも、日本経済にとってはマイナスになります。

――足下で、購買力平価に対して説明できないほど円安になっているという話に関して、今の日本の購買力が1ドル＝360円の時代並みになっているというニュースがありましたが、そういうことですか？

1ドル＝360円時代並みというのは、実効為替レートを基にした実質ベースの円の価値、つまり、実質実効為替レートで見ると、という意味ですね。

実質実効為替レートは、一般的に「通貨の実力」などとも呼ばれます。詳しく言えば、**ドル・ユーロ・ポンドなどさまざまな通貨と比べた円の実力を示し、内外の物価格差を考慮した、対外的な購買力**を表しています。

これ以上細かく説明するとわかりにくいので省きますが、この実質実効為替レートの推移を見ると、今現在の値は、2010年を100とした指数で55前後、ちょうど約50年前の1970年の水準とほぼ同じです。

当時はドル・円レートが1ドル＝360円だったので、名目（額面の数字）で見ると、今1ドル＝150円で、当時よりも円が強く見えるものの、インフレも加味した円の実力ベースの価値で見ると、当時と同じというわけです。

50年前の日本人が海外のモノを高く感じたのと同じくらいの感覚になっているという言い方もできますね。最近、海外旅行をした人が、昼食でも一人5000円も取られて驚いたという話がありますよね。1ドル＝150円とすれば33ドル。現地の人はそれを普通に払っているわけですが、日本では昼食と言えば1000円程度が普通。それだけ、「実力ベースの円の価値が低下している」ということになります。

――今は海外から日本に多くの人が働きに来てくれているから人手不足もなんとかなっていますが、円の価値がさらに下がれば、そうした人たちに来てもらえなくなるかもしれませんね。

日本で働いて円をもらっても、世界的に見れば、円の価値は低い。だったら、日本には行きたくない、と考えるようになる人は増えるでしょうね。日本人の優秀な人材も海外に流出してしまうかもしれません。

最近は、ワーキングビザを使って海外で働く人が増えているというニュースをよく目にします。こうした流れが続けば、国際競争力が落ちることは避けられませんから、さらに円安になる恐れがある。そうした流れにならないよう、経済や産業の実力を上げる努力が求められているのだと思います。

――なぜこんな状況になってしまったのか……と思わざるをえないですが、次は「金利」についてお聞きしたいと思います。

第４章「為替」の理解に「金利」は欠かせない

低金利と円高の両立は無理か

――２０２４年は10年ものの国債の利回りが12年ぶりに１％をつけたとはいえ、今はまだ低金利のおかげで住宅ローンが組みやすいです。これで円高になれば、輸入品も安くなるし、海外にも気軽に行けるなど言うことないのですが、そんな都合のいいことは起きないのでしょうか。

低金利と円高が、同時に起こることはないのか、という質問ですね。もう忘れたかもしれませんが、アベノミクスが始まる以前は低金利で、今よりも大幅に円高でした。

まず、金利からいえば、黒田さんが日銀総裁になる随分前の1990年代後半、速水《はやみ》優《まさる》総裁時代の1998年からほぼゼロ金利でした。

その頃は、1993年のバブル崩壊、1997年の日本の金融危機（北海道拓殖銀行や山一證券などが破綻）、同年のアジア通貨危機など数々のショックがあったからで、日本でもデフレ圧力が徐々に強まっていった時期です。

折しも日米貿易摩擦もあり、円高圧力が強まるなかで、円高によるデフレ・スパイラルに陥っていきました。その後も日本経済は低迷が続き「失われた30年」と言われるようになったのです。

しかし、この間、低金利でローンが組めたから、少ない負担でマイホームを購入できた人も多いはずです。為替レートも今と比べるとかなり円高だったから、海外へも安く行けたし、海外のブランド品なども今よりも抵抗なく買えたはずです。

――デフレの流れがさらに深刻化したのは、いつ頃からでしょうか。

2000年代に入ってからです。まず、リーマンショックや東日本大震災のあとにさらに円高になり、デフレも鮮明になりました。生活者の立場での為替環境は悪くないものの、企業業績が悪化、景気も悪くなりました。これを見ても、為替には直接的な影響の他に間接的な影響があり、それも無視できないことがわかるはずです。

――確かに円高がいいとは一概に言えないですね。では、このまま低金利が続けば、再び円高になることはないのでしょうか。

日銀が超低金利政策を続けている状況では、日本の市場金利が大きく上がることは考えにくいです。一方でアメリカの景気が悪くなり、インフレが落ち着けば、FRBは金利引き上げから、引き下げに転ずるでしょうね。

そうなれば、今の円安の一つの要因である日米金利差が縮小しますから、今よりも円高になる可能性があると思います。

――2024年春、日銀は金融政策の正常化に向けて踏み出しました。仮に今後、長期金利がさらに上昇すれば円高になるかもしれませんが、景気が悪くなるということはありませんか。

ある程度の影響は避けられないでしょう。今の低金利はお金を借りやすいため、本来なら市場から退場しなければいけない企業も生き延びている可能性があります。そうした企業の多くは、今の消費者のニーズに合っていないため、資金繰りが悪化すれば、いよいよ退場を迫られる。大企業はそれほど影響がないかもしれませんが、中小企業を中心に倒産が増える危険もあるし、失業者も増えることになります。

――金利の正常化は、いいことばかりではないということですね。

ただ、日銀が目指すインフレは、あくまで「賃金と物価の好循環」によるもので、これが実現しない限り、金利の正常化、つまり政策金利を連続的に引き上げるということは考えにくいと思います。

また、仮に将来「賃金と物価の好循環」が実現した場合、つまり景気が良好で賃金と物価も上昇し、日銀がポジティブな意味で金利を引き上げることができる状態、いわゆる「よい金利上昇」になるのであれば、海外からも投資マネーが日本に流れ込んで、いい意味で円が強くなる可能性もあるでしょうね。

そもそも金利とは

――これまで何度も金利という言葉を使ってきましたが、そもそも金利とは何なのでしょうか。

お金を借りたら、利息をつけて返します。この場合の利息が、借入額の何%かを示すのが金利です。

――日銀が金利を据え置くとか、近く引き上げるという言い方をしますが、この場合

は何を指すのでしょう。

以前は「公定歩合」を指しました。市中の金融機関が中央銀行からお金を借りるときの金利で、これは非常にわかりやすい。ところが今は公定歩合というものがありません。日銀は、景気や物価の安定など金融政策上の目的を達成するために、「翌日物《よくじつもの》金利」を調整しています。翌日物金利とは、金融機関同士が資金を貸し借りする市場で、担保なしで借りて、翌営業日に返済する取引につく金利のことです。そこでの金利を「**政策金利**」や「**誘導目標金利**」と呼んでいますが、これが日銀の話に出てくる「政策金利」です。

具体的には、**日銀は「オペレーション」といって、金融機関を相手に資金の貸付や国債等の売買を行うことで金融市場の資金量を調節し、短期金利を誘導しています。**

結果的に**政策金利をどのくらいにするかが、金融機関の預金金利や貸出金利などに影響を及ぼす**ことになります。

――ゼロ金利やマイナス金利と言われるのは、この政策金利のことですか？

そうです。実際、政策金利は２０２４年３月の日銀金融政策決定会合まで、実に約９年間もマイナス０・１％だったのです。翌日物の金利がまったく動かない状態が続き、政策金利はあってなきがごとき状況だったと言ってもいいでしょうね。

しかも、翌日物に加えて、本来は市場の需要と供給で決まるはずの長期金利についても、ＹＣＣによって、10年物はゼロ％付近に維持されてきました。長期金利が上がりそうになると、日銀が無制限に国債を買うことで金利が上がらないようにしてきたのです。

金利と為替の関係に法則はあるのか

――普通、低金利の国の通貨は安いはずです。それでも２０００年代以前は長く円高でした。それはなぜですか？

金利には表面（名目）金利と、実質金利の２つがあるのを聞いたことはないですか。

たとえば、A国、B国という2つの国があり、政策金利はどちらも6%。これが名目金利です。しかし、インフレ率は、Aが1%、Bは3%とします。この場合、名目金利からインフレ率を差し引いた金利、これが実質金利ですが、こちらはAが5%で、Bは3%。通貨が強いのは、実質金利が高いAとなります。

日本の場合はAでした。**名目金利はゼロやマイナスですが、物価が下がるデフレだったため、実質金利はプラスで、これが円高圧力になっていました。**

しかし、2024年3月時点では、日本の政策金利はマイナス0・1%から、ゼロ～0・1%に引き上げられました。ただ、インフレ率は3月が2・6%ですから、実質政策金利はまだマイナス2・5～マイナス2・6%と大きくマイナスになっており、円高圧力はかかりにくい環境と言えます。

――名目金利の高い国の通貨が売られることもあるのですか？

あります。トルコの場合、名目の政策金利は2024年3月時点で50%とものすごく高いですが、トルコの通貨リラは安い。インフレ率が70％近くもあるため、実質金利はマイナス20％なのです。

トルコの場合、簡単に言うと銀行にお金を預ければ1年で50％の利息がもらえますが、今1万円で買えた商品が1年後には1万7000円になっているということ。

いわゆるハイパーインフレというのが、こうした状況です。どんどん通貨の価値が目減りしていくため、そんな通貨は誰も欲しいとは思いません。むしろ早く他の通貨に替えようと思うはずです。このため、通貨安がさらに加速する。金利が高い国の通貨が買われるわけではない、というのはそういう意味です。

実は、アメリカでも、10年債利回りなど長期金利が上昇してきましたが、こうした長期金利の上昇はしばしばよくない兆候である可能性があることには注意が必要です。

――アメリカは好景気で物価が高騰しているから金利を上げて、インフレを抑えようとしていると認識していました。インフレは困りものですが、アメリカのように景気がいいのは悪いことではないのでは？

2022年以降のアメリカで起きていた長期金利の上昇は、それだけが理由ではありません。もちろん、2022年以降の利上げにもかかわらず、アメリカの景気が思っていたより強いという単純な理由もありますが、2023年10月頃は、アメリカの財政不安によるリスクプレミアムが乗っていたため、長期金利が上昇しました。

バイデン大統領は景気刺激策に取り組んでいるため、アメリカの財政赤字は増え続けています。特に環境投資や生成AIなどITについては、かなり積極的です。長期で見ればそうした投資も必要ですが、現象として見ると、インフレ退治のために金融引き締めを行いつつ、一方で財政出動もしているという矛盾した状況にあるとも言えます。

しかも、こうした財政出動の原資の多くは国債です。アメリカは財政支出に関してとても厳格で、支出が増えることを議会が安易に認めません。それ自体は悪いことではないのですが、毎年のようにこれで議会が紛糾しています。仮に歳出法案が可決できなければ、政府の行政サービスがストップすることにもなる。そうなれば、アメリカの国債も格下げになるかもしれない。国債の信認が低下すれば、国債価格が下落することになるでしょうし、そうした事態への懸念によってアメリカの長期金利（10年債利回り）が2023年10月には、一時5％台にまで上昇したのです。

——理由は財政不安でも、アメリカの金利が高いのは事実。だとすれば、ますます円安・ドル高になりそうですか？

そうとは限りません。同じ金利上昇でも、よい金利上昇と、悪い金利上昇があり、アメリカで想定される通貨の信認低下に伴う金利上昇は、悪い金利上昇の一つの典型です。こうした悪い金利上昇が、今後加速するような場合には、その国の通貨は下落する。この場合ならドル安ですから、円との関係でいえば、円高になるかもしれません。

——為替と金利の関係でいえば、最も影響が大きいのは長期金利で、特にアメリカの10年物国債の金利がどうなるかを多くの投資家が気にしていると聞きます。日本の場合は政策金利と長期金利のどちらを気にすべきでしょうか。

政策金利は市場の意図を必ずしも反映しているとは言えません。為替に影響するのはアメリカ同様、10年物国債のほうです。

ただ、日本の10年物国債の金利とアメリカのそれとでは金利水準こそまったく違いますが、基本的に連動していました。なぜ連動するかというと、片方の国債が割高だと判断すれば、投資家はそれを売るし、割安だと感じればそちらを買うからです。これを「裁定取引《さいていとりひき》」と言いますが、この裁定機能が働くため、結果的に似たような動きに収斂《しゅうれん》されることになるのです。

しかも、これはアメリカと日本の2国間に限ったことではなく、先進国の主な国債は皆、金利の水準は異なっても似たような動きになっています。

――金利が平行移動しているということですか。

イメージとしてはそうですね。**前に日本とアメリカの為替が似た動きをすると言った**

のも、こうしたことが関係しています。

ところが、日本ではこれまでYCCによって、日銀が長期金利を意図的にゼロ%付近に固定してしまっていました。日銀が国債を大量に買い入れることで、金利が上がらないようにしていたわけです。このために、おかしなことになりました。

アメリカの国債利回りが上がっているのだから、本来なら日本の長期国債利回りも上がるはずなのに、日銀がそれを阻止してきたことで、両国の金利差がどんどん拡大してしまい、それが間接的に円安・ドル高を引き起こしたと言えます。

そのYCCも2024年3月の日銀の金融政策決定会合では、廃止が決定されました。ただ今後も、日銀はこれまでと同程度の国債の買入れを続け、長期金利が急騰した場合などには、機動的に買入れ額を増やすと発表していますから、仮にアメリカの10年債利回りが再び上昇し始めても、日本の10年債利回りが急上昇する可能性は低いと言えます。

為替に影響するのは日米の実質金利差

――では、日銀がYCCを廃止したからといって、今後円高になるとも言いきれないわけですね。

はい。**為替への影響を考えた場合、日米の10年物国債の利回り格差以上に為替への影響が大きいのは、日米の実質金利差**です。名目の10年物国債利回りからインフレ率（市場の10年物期待インフレ率）を差し引いたものが、ドル・円と長期にわたり連動しています。これでいくと、2024年4月時点で、日本の場合、10年債利回りが0・8％、期待インフレ率が1・5％ですから、**10年物実質金利はマイナス0・7％**。一方、アメリカは10年債利回りが4・6％で、期待インフレ率は2・4％ですから、**10年物の実質金利は2・2％**となり、日米間で10年物の実質金利差はまだまだ大きいままです。

その意味では、簡単に円安が収まるかどうかは不明です。アメリカが実際に利下げを開始し、アメリカの長期金利がどの程度低下していくかが大きなカギとなるでしょうね。

日銀の超低金利政策が円安にした？

――日本は低金利でも、かつては円高でした。金利は基本的に変わらないのに、今はセオリー通り円安。しかも、超がつく円安です。それは実質金利だけが理由ですか。

今の円安は、日銀の超低金利政策とそれに伴う実質金利の影響があることは事実ですが、それだけで今のような円安になったとは考えにくいです。

2022年以降、150円を超える円安になった主因はむしろアメリカの利上げと、アメリカ景気の強さがもたらすドル高の結果と考えたほうがいいでしょうね。

何しろアメリカの10年債の利回りは、2023年に一時5%を超えました。しかも、これだけFRBが利上げをしているにもかかわらず、景気が悪化せず、インフレの抑制にも時間がかかっています。そのため、市場参加者が予想していたよりも、利下げのタイミングがどんどん後ろ倒しになっていき、長期金利も高止まりするなかで、結果としてドルが全面高になったのです。

ドルと円の関係で言えば、ドル高が主因で、結果的に円安になったと考えるのが自然です。

――つまり、ドルが上がると同時に、円は下がった。両方が同時に起きたことで、1ドル＝150円という急激な円安になったわけですね。

そうです。しかも、アメリカに限らず、他の欧米先進国も、いずれもインフレに苦しんでいます。イギリスも利上げをしたし、カナダも利上げしています。なかでもアメリカの利上げのペースは速く、大きかったため、ドル高が市場に与える影響も極端に出ました。

その一方、日本だけが超低金利を維持したことで、他の通貨に対しても円安、外貨高になっている。その意味でグローバルに見て、日本円は独歩安状態になっているのです。

――金利が上がると日本の景気が悪くなる危険があるとのことですが、アメリカの景気がなかなか鈍化しないのはどうしてでしょう。

第2章で経済の「**潜在成長率**」について説明しました。長期的に持続可能な経済成長のスピードのことで、いわば**それぞれの国の基礎体力**のようなものです。これが、アメリカは2％弱程度。それだけ経済が成長する可能性があるということは、企業からすれば、そのぶん投資からリターンが得られると考えることができるとも言えます。

このため「期待リターン」という言い方もします。ただし、インフレが進んでいるため、インフレを考慮した「名目潜在成長率」は4％程度というところでしょうか。

これに対し2023年、アメリカの長期金利は4％を超えていました。企業としては、そんなに金利が上がると、投資してもそれ以上のリターンが得られないリスクがある。期待できるリターンより金利のほうが高い、逆ザヤ状態です。このため、積極的に投資をする人が減り、景気は徐々に悪くなる可能性が高い。これが教科書的説明ですが、今の段階では明確に景気が悪化していることを示す経済指標が出ているとは言えません。

その理由として、一つはアメリカのインフレが高止まりとはいえ、2022年の6月頃のピーク時に比べれば収まってきているからです。これによって実質所得が上がっているので、個人消費が促されていることがあげられます。

また、アメリカでは多くの人が株に投資しているため、株高が続いていることで懐《ふところ》に余裕があり、消費が堅調なのも要因の一つ。これは「資産効果」です。

あとはコロナ禍で実施した経済支援で配られたお金がまだ残っていて、消費を支えている可能性もあるでしょうね。ただ、それらもそろそろ底をついてきているとも言われています。

——日本の円安、アメリカのドル高が急激に、しかも同時に進んだわけですが、こうしたことは過去にもあったのでしょうか。

今の状況に慣れている人には意外かもしれませんが、円安要因とドル高要因が同時に起こるということは、これまであまりありませんでした。むしろ、**円とドルは「名目実効為替レート」において同じ動きをする通貨**でした。

名目実効為替レートとは、BISが発表する、65カ国の通貨に対する、それぞれの通貨価値の変動を示す値です。つまり、円とドル、ドルとユーロのように2つの通貨の相対的な値動きだけではわからない、いわば総合的な為替レートの変動を見るものですが、この値動きは円とドルでわりと似ていたのです。

両者とも先進国通貨で、流動性が高く、たくさん取引をされているという点では共通しているからです。特に新興国通貨に対しては、円とドルは、ほぼ同じ動きをするのが一般的でした。

ところが2021年の終わりから、両者の動きに明らかな違いが出てきました。アメリカが利上げに転じたのは2022年3月からですが、特にそのあたりからドル高と円安にはっきり分かれてしまいました。

——だとすれば、アメリカの景気が本格的に悪くなって利下げを開始するまで、トレンドとしては円安・ドル高は続くのでしょうか。

2023年の後半、市場で近くアメリカが利下げに転じることが予想されていました。それはアメリカが2024年の夏には景気の過熱感がなくなり、インフレも収束に向かうことが前提でした。しかし、2024年に入っても、まだ景気は強い状態が続いています。だとすれば金利の引き下げは、2024年の後半からさらに後ろにずれる可能性も残っていると言えます。一部には、アメリカは景気減速せず、成長し続けるのではないか(ノーランディング)という意見まで出ているほどです。私は、これは楽観的すぎるシナリオだと思っていますが、もしそうなるとすれば、当分ドル高圧力はなくならないということになりますね。

日銀の金融政策はどう変わったか

——アメリカの金利が高いという事情もありますが、日銀が金利を低く抑えるようになってから円安になったのは否定できません。経済全体に円安はプラスがあっても、マイナスの面がかなり出ているのも事実。日銀は今、それをどう考えていると思いますか?

日銀は「為替を政策目標にしない」と明確に言っていますが、金利は間接的に物価に影響するのは事実。植田総裁も「円安については政策運営上、十分注視していく」(2

024年5月7日）という発言をしていますから、かなり気にしているでしょうね。
円安で国民の不満が高まっていることで、政府への批判の声があるのも事実ですが、日銀もなんらかの対応を求められる可能性もある。それで2024年3月に、マイナス金利政策の解除やYCCの廃止に踏み切ったという面もあると思いますし、今後追加の利上げに踏み切る可能性もあるでしょう。
ただ、結果的に3月の決定後の為替市場の反応は円安でした。これは、金融政策の正常化への大きな一歩を踏み出すにあたり、**長期金利が急騰するなど市場が過度に反応するのを避けるために、日銀が「当面は緩和的な金融環境を継続する」という文言を声明文に明記**するなど、ハト派的なメッセージを打ち出したことによるものと言えます。

――話は少し戻りますが、YCCによる長期金利の調整は、禁じ手と言われました。なぜ、日銀はそこまで踏み込んだのでしょう。

マイナス金利政策を導入したとき、とても不評でした。お金を預ければ普通は利子が受け取れるのに、マイナス金利では逆に払わなければいけないのですから、金融機関が怒るのは当然です。しかも、銀行は国債も大量に保有しており、こちらも極めて低い金利に張りついていています。

本来、金利というものは、短期よりも長期のほうが高いというのが正常な状態です。国債を保有する金融機関は、短期で調達して長期で運用するわけですから、長期金利のほうが低いと、逆ザヤになってしまい、利ザヤが抜けなくなってしまいます。

実際、２０１６年には10年債利回りがマイナスとなり、７月には一時マイナス０・３％付近にまで低下しました。したがって、同年９月にＹＣＣが導入されたわけですが、これは、**短期金利のマイナスに対して、10年金利をゼロ％付近に固定することで、短期金利から長期金利までの、本来右肩上がりであるべき「イールドカーブ（利回り曲線）」に、適切な傾きを持たせることを目的**としていたのです。

——ＹＣＣは長期金利の下がりすぎを防ぐことが目的だったのですか。

そうです。導入した当初は、残存期間の長い債券利回りを高くするためだったのですが、アメリカが利上げに踏み切った2022年頃からは、長期金利が上がっても、急上昇しないように天井を抑える（キャップする）ためのものとして使われています。

アメリカの利上げの影響で、アメリカの10年債利回りが上昇すれば、日米の長期金利は連動する傾向があるので、日本の10年債利回りにも上昇圧力がかかってしまいます。これを防ぐ役割をYCCが果たしていました。

ただ、YCCの役割の変化とともに、その運用にも修正が加えられています。当初は「ゼロ％付近」であったのに対して、2021年3月から±0・25％の変動を許容するということから始まり、それを2022年12月には±0・5％に許容幅を拡大、さらに7月に±1％になりました。実際、YCCの許容変動幅を引き上げるに従い、長期金利も上昇しています。

それを実質的に金融政策を変更したと捉える意見もありますが、超低金利政策、金融緩和は維持している。だから長期金利も1％程度の上昇までしか許容していません、と日銀は一貫して言ってきました。

——円安の負の影響が出ているのに、日銀が2024年3月までマイナス金利政策やYCCを維持してきたのはなぜなのでしょうか。

大きな理由は、「賃金と物価の好循環」がまだ生まれていないということです。

2023年は大企業を中心に賃金が上がりました。中小も賃上げする企業が出始めています。ただ、中小の場合は、人手不足が背景にあり、高い給料を払わないと労働力が確保できないという事情がある。つまり、利益が増えて、賃金を上げているのではなく、仕方なく上げているところも多いはずです。

2024年の春闘では、中小企業にも賃上げの動きが見られました。ただ、これが消費につながって、さらなる賃上げに結びつかないと、「賃金と物価の好循環」を達成したとは言えません。

しかし、2024年3月にマイナス金利政策解除を決定した理由として、日銀は声明で、「最近のデータやヒアリング情報から、賃金と物価の好循環の強まりが確認されてきている」「2％の『物価安定の目標』が持続的・安定的に実現していくことが見通せる状況に至ったと判断した」と説明しています。

つまり、やや見切り発車ではあるものの、「賃金と物価の好循環」が見えてきたので、金融政策正常化への第一歩を踏み出したのです。

今回は、2023年中からYCCの修正とともに、市場参加者に対して慎重にマイナス金利政策解除をほのめかしていたので、同年12月にはすでに、2024年の早い段階でのマイナス金利政策解除が市場に織り込まれていました。その意味でも、日銀は市場とのコミュニケーションを、時間をかけながら非常にうまく行ってきたと思います。

――「市場との対話」という言葉を報道などでも聞くことがありますが、なぜ市場との対話が重要なのでしょうか。決定した政策を発表するだけではダメなのですか？

市場参加者の多くが「このような政策変更があるだろう」と予想していることを、「市場参加者の織り込みが進んでいる」などと表現することがありますが、簡単に言えば、多くの市場参加者がすでに織り込んでいるほうが、政策変更した場合の金融市場への影響が少なくて済むからです。

市場がそう思っている方向で動けば、ある意味、想定通りなので、変更自体大きな方針転換だとしても、市場は冷静に受け止めます。ところが、**日銀は当分方向転換しないと思っているときに突然、方針転換すると、大きなサプライズになり、金利が急騰したり、急激に円高が進むなど市場が混乱する危険がある。**日銀としては、それは避けたいわけです。ですから市場との対話、コミュニケーションは重要なのです。

――尾河さんも今回の政策変更には賛成ですか。

前回、日銀が出口戦略を模索したのは速水総裁のときで、当時は量的金融緩和の解除という言い方でしたが、それによって景気が急激に悪化し、日銀に批判が集まったことがありました。あのとき、現総裁の植田さんも審議委員の一人でした。同じ轍《てつ》は踏みたくないと植田さんが考える可能性もあったと思います。しかも、仮にこれからアメリカの景気が悪くなった場合、当然日本の景気への影響は避けられないはずです。

そうしたリスクを抱えているときに、マイナス金利を解除すれば、なんで今やるんだ、タイミングが悪い、とまた批判が来る可能性が高い。それを覚悟で決断できるかどうかに注目していましたが、植田総裁が思い切って判断してくださり、本当によかったと思っています。ただし、何が起こるかわからないのが経済や金融市場。特に、不確実性が高まっている今、次回の利上げについては、かなり慎重な判断にならざるを得ないと思います。

住宅ローンで損をしないために

――マイナス金利が解除された今、国民生活にとってどんな影響が出るでしょうか。


まず、大きいのは住宅ローンでしょうね。住宅ローンには「固定金利型」と「変動金利型」の2つがあり、それぞれ金利の決まり方が異なります。

固定金利型は長期金利に連動するのに対し、変動型は政策（短期）金利に連動します。

長期金利は市場が決めるもので、すでに上昇し始めました。このため、固定金利型のローン金利は上がり始めています。

一方、短期金利に連動する変動型ローンの金利は、今のところ大きな変化は出ていませんが、今後、日銀がさらに金利を引き上げるようになると、じわじわ上昇していくことが予想されます。

変動型ローンの金利は、各金融機関が短期プライムレート（短プラ、期間1年未満の貸出金利の基準）に一定幅を上乗せした基準金利をまず設定し、そこから顧客の信用度などをもとに定めた優遇幅を引いた水準を適用金利とするケースが多いとされています。したがって、新たにローンを組む人には影響が出る可能性がありますし、すでに組んでいる人も、ゆくゆくは無関係ではありません。

大手金融機関は、この短プラを当面変えないと発表していますが、それは2016年にマイナス金利政策が導入された際、短プラを下げなかったことから、今回ゼロ金利に戻したからといって、ただちに引き上げるのは理解を得にくいというのが理由ではないかと言われています。

したがって、変動型ローンで借りている人たちにとっても、ただちに支払いが増えるわけではありませんが、さらに利上げが実施されるようであれば、見直しのタイミングでは金利が上がり、毎月の支払い額が増える可能性があります。収入に対してギリギリの返済計画を立てている人は、注意したほうがよさそうです。

――現状では多くの利用者は、金利の低さから変動型を選んでいます。固定金利が明らかに上昇し始めたら固定型に切り替えたほうがいい、という意見もありますが、それは正しい判断でしょうか。

理論的には正しいのですが、タイミングは慎重に見たほうがいいかもしれません。これからローンを組もうと思っている人で、固定金利を想定している人は、金利が上がればそれが返済まで何十年も続くことになるので、少しでも金利が低い今のうちに借りたほうがいいと言えます。

次に変動金利については、マイナス金利を解除したからといって、アメリカ並みに

0・25%、0・50%、0・75%とどんどん上げられるかと言えば、それは考えにくいでしょう。理由は先にお話しした通りですが、0・25%になるまでにも時間がかかる可能性もあります。

だとすれば、変動金利で借りて20年間で返済するとして、その間の平均金利が、固定に切り替えるより高くなる可能性は、かなり低いのではないでしょうか。

もちろん、すぐには結論は出ませんから断言はできませんが、一つ言えるのは、**返済期間が短いほど、変動金利を選んだほうが得だったという結果になる可能性は高い**ということ。少なくとも、マイナス金利政策が解除になったから、すぐにこれからは固定が正解、というのはやや早計な気がします。

——では、住宅ローンも当面は変動を選ぶほうが有利でしょうか。

もちろん、日本の財政状況に不安があると感じていて、金利上昇が避けられなくなると思うのなら、固定で借りるのも、安心を買うという意味でよいと思います。

固定が高くなったとはいえ、歴史的にも、欧米との比較で見ても、まだまだ低金利なのは間違いないということです。その低い金利で固定されるわけだし、今後、金利変動を気にする必要がないのは大きなメリットなのも確かです。

――不動産価格はすでにかなり高くなっています。都心のマンションなど普通のサラリーマンでは買えない値段です。その背景には円安で海外から見た日本の不動産が割安になったため、海外からの投資が増えたことがあるとも聞きます。円安が続くとすれば、まだまだ値上がりするのでしょうか。

私は不動産市場の専門家ではありませんのではっきりとは言えませんが、前提として、不動産価格は金利と需給で決まります。高くなりすぎると買える人が減る、つまり需要が限られる。すでに所有している人は、そろそろ高値で売りたいと考えるかもしれません。つまり、供給増。そこだけを考えれば、これからも上がり続けるとは言いにくいし、専門家にもそうした意見はあるようです。

ただ、今後は日本もある程度のインフレになる可能性がある。インフレはモノの価値が上がる状態で、実質金利は下がりますから、不動産の価格は上がります。したがって、セオリー通りに進むとすれば、まだ上がる可能性があるとも言えます。

アメリカに住む友人によると、アメリカではインフレで土地の値段が暴騰しているのですが、それだけではなくマンションの管理費もうなぎ登りらしいのです。場所によってだいぶ異なるでしょうが、ニューヨーク中心部のマンションでは管理費が月30万円になっているところもあるとか。驚きですね。

ただ教科書的にはインフレ時は不動産価格が上がることは覚えておくべきでしょうね。もちろん無理する必要はないですが、いずれ購入を考えているのなら、真剣に検討する価値はあるかもしれません。

株価と金利と為替に法則はあるのか

——2024年、日経平均株価はバブル後最高値をつけました。円安なので企業業績がいいことを考えれば、それも納得です。ただアメリカは金利を上げ続けていたのに、株価は大きく崩れていません。なぜでしょうか。

ダウ平均株価も、利上げを開始した2022年は25%下落しています。景気の過熱を抑え、インフレを抑制するために利上げするわけですし、長期金利が上昇すれば、企業の資金調達力にもマイナスの影響が及ぶことになりますから、株式市場が不安になるのも当然です。

しかし、2022年秋頃から、アメリカのインフレが急速に抑制され始めました。この頃からアメリカで将来の利下げ期待が浮上し、長期金利の上昇にも歯止めがかかり始めたのです。これを好感して株価は上昇。折しも2022年末に生成AIが登場し、これもアメリカ株の上昇トレンドに寄与しています。

仮に、アメリカが景気後退に陥るストーリーになっていたら、株価の上昇トレンド入りにももっと時間がかかっていたかもしれませんが、アメリカ経済が比較的底堅く、マイナス成長には陥らない「ソフトランディング（軟着陸）シナリオ」が主流になってきたので、これが株価にも好影響をもたらしているようです。

――2023年、2024年と、日経平均株価も大きく上昇しましたが、これは何が背景にあるのでしょうか？

4つほど要因があげられると思います。

第一に、2023年3月に東京証券取引所が行った、上場企業に対する「資本効率改善要請」があげられます。資本効率とは、企業が株主や銀行から調達したお金をどれだけ効率的に使って稼げているかを表す概念ですが、資本効率が悪い企業に「これを改善し、株価の上昇を促す取り組みを開示せよ」との要請を行いました。

これは、海外の投資家にも非常に評価され、投資マネーが日本に流入するきっかけになったと言えるでしょうね。

第二に、何度も触れている「賃金と物価の好循環」への期待があげられます。

第三に、海外投資家の間で「脱中国」の流れが進むなかで、中国に向かっていた投資マネーが日本に流れていることもあげられます。

かつては、中国と経済面の関係が深い日本の株価は中国株との連動性が高かったのですが、2022年以降、不動産不況などで中国株が大きく崩れた一方で、日経平均は2023年以降上昇し、連動性は完全に崩れています。

第四に、アメリカの株高があげられます。ダウ平均は、米利下げ期待の浮上や生成AIブームなどにより上昇していますが、日経平均はダウ平均、特にハイテク株との連動性を高めており、生成AIへの期待、ハイテク関連、半導体関連への期待などが日本株にもプラスに寄与しているのだと思います。

円安が先か、株高が先か

――日本では「株高だから円安」「為替が円安だから株高」。どちらもしばしば耳にする言葉ですが、株と為替、実際はどちらが起点なのでしょうか。

卵が先か鶏が先かという話なのですが、両方のケースがあると思います。

もちろん、日経平均株価などは、グローバルに事業を展開する大手企業などが主な構成銘柄なので、円安による恩恵は大きいと言えます。したがって、円安になれば株価が上昇しやすいと言えます。

一方、株高になると、投資家心理が改善し、よりリスクを取ろうという意識が高まる。そうすると、低金利の円から高金利通貨など、外貨建て資産にマネーが向かいやすくなるということもあります。

また別の要因として、少し技術的な話になりますが、**外国人投資家の為替ヘッジの動きも影響**している可能性があります。

外国人投資家は、日本株を買う際に、為替リスクをヘッジするケースがほとんどです。日本株の買い（円買い）と、先物の円売りによる為替ヘッジで、株を買った当初は為替の売買は起きませんが、株価が上昇すると、元本が増えた分については、為替リスクを追加でヘッジしなければなりません。その分の円売りが影響することがあります。

特に２０２４年は日経平均株価が年初からたった４カ月で約８０００円も上昇していますから、こうした外国人投資家の円売りが、円安圧力を強めていた可能性があると思います。

――なるほど。為替と金利と株価の関係が理解できると、投資にも役立ちそうです。最後の章では相場予測について聞かせてください。

第5章　相場予測を投資に活用する

第1節　相場予想編

2024年半ば以降の為替相場を予測する

——これまで本書でも足下の景気や金利についてお聞きしてきました。改めて2024年半ば以降の為替動向についてお聞きできますか。

まず方向としては、徐々に円高・ドル安方向に転じる可能性が高いと考えています。アメリカは2022年の3月以降、インフレ抑制のために利上げをしてきました。2024年春の段階でも、その効果が十分に出ているとは言えませんが、これは時間差の問題で、いずれは景気の減速を示す経済指標が増えていき、秋頃からFRBは利下げを開始すると予想しています。これはドル安要因です。

ただ、アメリカのインフレが粘着質であることを踏まえると、利下げ余地も限られそうで、ドルが大きく下がるような展開にはなりがたいでしょう。

一方で、円については、日銀の追加利上げがいつになるのかという点がポイントですが、早ければ2024年10月の可能性もあるとみています。

しかし、日銀の場合、仮に追加利上げをしたとしても、その後、連続的に利上げするほど日本の物価が急騰するとは思えませんから、日銀の利上げによる円高方向への影響は限定的になると見ています。

これらを総合的に見ると、ドル円が今後1年程度（2025年春頃まで）の間に、2024年初めの水準、1ドル＝140円を大きく割り込む可能性は、かなり低下したように思います。

――140円を割れないと考える根拠はなんでしょう。

アメリカがこれほど金融を引き締めれば、景気後退の谷もかなり深くなると以前は考えていました。しかし、現実にはこれだけ金利が上がっても、景気は悪くなっていません。景気後退にならず、ソフトランディングにとどまるのであれば、利下げの幅も限られる。そうなれば、為替が円高・ドル安に動いたとしても、限定的です。
日米実質金利差（10年）の弊社予測から試算すると、ドル・円は2025年にかけて下落したとしても、140〜143円程度までという結果が得られました。
もちろん、為替に限らず株価もそうですが、動きに勢いがつくと、思わぬ大きな変化が起きるのが市場です。11月にはアメリカ大統領選もありますし、不確実性も高い年になりますから、状況の変化に応じて、予測も柔軟にアップデートしていきたいと思います。

――2024年初頭が140円前後でしたから、当面そこは下回らないということですね。

仮に120円台を見るような大幅な円高があるとすれば、今は想像もできないような突発的なことが起きて、欧米諸国がいっせいに利下げしなければいけないような景気悪化が起きた場合です。リーマンショック級の経済ショックが欧米で起きれば、かなりの確率で大幅な円高になるでしょう。

ただし、これはあくまで「テールリスク」であって、予測することはできません。経済ショックがあるとすれば、たとえば今アメリカは景気がよく、国民は株を買って旺盛に消費もしています。その結果、この先のインフレがさらに進むようなことになり、2025年にかけて再び利上げしなければいけないという事態が現実になるときでしょうね。

政策金利が6％や7％になれば、さすがにその後の景気後退の谷は深いものになる可能性が高くなる。**深刻な景気後退になってしまえば、欧米がこぞって利下げをするでしょう。そのなかで日銀が同じように利下げできるかと言えば、それは難しい。**

欧米の景気が悪くなるということは、世界経済が悪くなるということ。アメリカがクシャミをすれば世界が風邪を引く、というのはよく言われますが、そのときに日銀が取れる手段は限られます。仮にそんなことになれば、2023年までとは逆の動きとなり、とんでもない円高が起きる可能性もゼロではありません。

アメリカ大統領選は為替にどう影響するか

――景気循環をベースにした予測はわかりました。それ以外で為替に影響しそうな要素は何が考えられますか。

今後想定される波乱要因をまとめると、**まずアメリカの財政懸念による金利上昇（国債価格の下落）で、これはどちらかというとドル安要因に**なると思います。その際には**金利が上がっているため株価も下落する、**いわゆる**「債券安、株安、ドル安」というト**

リプル安状態になってしまう。これは最悪のシナリオの一つです。

2番目に地政学的リスク。特に中東情勢がさらに混迷した場合は、リスク回避のドル高、有事のドル買いからドルが強くなる。こちらはドル・円では円安要因です。

3番目は政治的要因。特に注目は11月のアメリカ大統領選挙です。バイデン大統領の人気は芳しくありませんが、対する共和党はトランプ前大統領が党の候補者に指名されることが固まり、どちらが勝つか不透明です。

アメリカは潜在的に強いリーダーを求める傾向がありますから、トランプ前大統領は人気も高く、返り咲く可能性がないとは言えません。「もしもトランプが再び大統領になったら」との意味で「もしトラ」などとも言われるようになりました。

そうなれば、アメリカ・ファーストの復活でしょうね。ウクライナへの支援は打ち切られるかもしれません。ロシアとの関係は多少改善するとしても、対中国では摩擦が激化することが懸念されます。貿易の分断、サプライチェーンの問題が再浮上することも心配です。金融政策についても、製造業を重視するトランプ前大統領は「今の金利は高すぎる、ドル高もよくない」と口を出してくることが考えられる。そう強く言われたF

RBのパウエル議長が、断固とした態度をとれるかも気になります。

パウエル議長の任期は2026年5月ですが、トランプ氏はすでに、自身が大統領に再選された場合、パウエル議長を再任しないことを表明しています。

「もしトラ」になれば、ドルは買われるのか

――トランプ氏が再度大統領選に勝利したら、ドルは買われるのか、もしくは売られるのでしょうか。


景気対策にも積極的なので、株価は上がる可能性が高いと思います。前回、当選したときも事前予想ではドルの暴落でしたが、実際、当選直後はいったん4円程度円高・ドル安が進みました。しかし、その後「トランプラリー」と言って、ダウ平均株価は上昇し、それとともにドル高が進みました。

トランプ氏のホームページを見る限り、政策的には「減税、雇用増加、所得増加」をうたっており、インフレ的な政策であることに変わりはありません。よって、**景気押し**

上げとインフレ期待から、株高とドル高が進む可能性もあります。

――トランプ氏が当選すると、円安・ドル高になる可能性があると……。

ただ忘れてはならないのは、トランプ氏の極端なまでの保護主義です。

２０１６年の大統領選でトランプ氏が勝利した際も、トランプラリーでドル高でしたが、１１８円台まで円安・ドル高が進んだ後、２０１７年は日米の貿易不均衡がクローズアップされて、徐々に円高・ドル安が進行。２０１８年には米中摩擦が激化し、３月に突如対中関税を引き上げたことで、ダウ平均株価は急落。ドル・円も１０４円台まで円高・ドル安が進んだのは、記憶に新しいところです。

先ほどお話ししたトランプ氏のホームページを見ると、「アメリカの労働者のためのフェアな貿易、４年間の国家リショアリング（国内回帰）計画、アメリカ国内のすべての重要インフラの中国所有の禁止、反グローバリズムと愛国心」などを掲げており、保護主義のスタンスは、２０１６年のときとほとんど変わっていません。

ただ、実際にはどう出るかわからないのがトランプ氏。もしかすると、「金利が高すぎる」に加えて、唐突に「ドルが高すぎる」などと発言する可能性もあり、その場合、為替市場は円高・ドル安の反応となるかもしれません。

２０２４年４月現在、トランプ氏はまだ具体的な政策を示していないうえ、政策スタッフも、誰を副大統領にするかも含め未定ですから、周りをどういった人員で固めるか次第でも、経済や金融市場への影響は変わってくるはずです。現段階でドル高かドル安かを決めつけるのは難しい、というのが正直なところです。

為替の動きに影響を与える要素とは

――ここからはよく聞く為替の噂について聞きたいと思います。円安で為替差益も得られるし、金利も高いからと、外貨預金を始めた人がテレビで紹介されていました。これまで外貨投資にまったく関心がなかった人までが参加し始めると、円安も天井が近いという見方もありますが、どう思いますか。

確かに、それは単なる噂話ではないとも言えます。

いつもは相場に無関心な人までが、相場に前向きになりすぎているときというのは、平時とは異なる状況になっていると言えます。普段市場の動向など気にしない人にまで市場の情報が入るときというのは、おそらく市場関係者もいつも以上にリスクを取って投資している可能性が高い。しかも、一方向にポジションを取っている。そうしたなかで、**皆が考えている方向と逆に相場を動かす情報が入ってくると、大きく逆方向に相場が振れてしまう**ことも珍しくありません。

為替についても、それは当てはまります。

2022年も151円台後半まで円安が進んだときがありました。あのときは、円安で輸入物価が上昇し、生活が苦しくなるという悲鳴があった一方で、外貨投資をしていた人が利益を得た、といったニュースが連日のように流れたものです。このまま円安を放置して国民の不満が高まることは、政府が歓迎できる話ではありません。結局政府・日銀による円買い介入が実施され、そうしたときに限ってアメリカの物価がやや落ち着き、金融引き締めの終了が近いという連想を呼んでアメリカの長期金利が下がるということが重なり、為替が円高・ドル安方向に動きました。

――これまで外貨に興味がなかった層が外貨預金をし始めると、新たに円を売りドルを買うことになるため、円安を加速させることにならないのですか。

方向としてはそうですが、個人の外貨預金による円売りドル買いが、為替相場に影響を与えるほどのインパクトを持っているかといえば、今のところはそれはありません。

何しろ世界の為替市場で取引されている金額は、1日平均で1000兆円規模。ただし、これには円の売り買いを同時に行うようなスワップ取引も含まれていますから、直接的に為替相場にインパクトを与えやすいスポット取引（2営業日ののちに資金決済が行われる取引）だけを切り出すと、1日平均で約310兆円規模。これに対し、日本の個人金融資産のうち、外貨預金は残高ベースで7兆円くらいです。

積み上げられた残高ベースで見てもこの規模ということは、日々の取引規模で考えれば、個人の、しかも外貨預金が為替相場に与える影響は、極めて小さいと言えます。

第2節　資産運用編

外貨投資は不可欠なのか
――為替に興味を持つ理由の一つは、資産運用でしょう。海外の投資信託を買うなど外貨建て金融資産を持つことは有効でしょうか。

現状、外貨建て金融資産を持っている日本人の割合は多いとは言えません。日銀の資金循環統計によれば、日本の個人金融資産は、2023年9月時点でおよそ2100兆円でしたが、そのうち外貨建て金融資産が占める割合は、概算ベースで約3％程度です。

これを見ると、日本人は海外旅行をする際に円を外貨に交換して持つことはあっても、投資や資産運用目的で外貨を「資産」として保有している人はごく一部というか、ほとんどいない、というのが現状です。

しかし、これからは資産の一部として外貨建ての金融資産を保有することの意味は大きいと考えています。

――なぜですか。

まず、日本もようやくインフレになってきました。インフレはモノの値段が上がる状態です。今、1万円で買えているモノが、10年後も同じモノを同じ数量、1万円で買えるとは限りません。1万円以上になっている可能性のほうが高い。10年後に値上がりしたモノを、今と同じ負担で買えるようにするためには、もっと働いて収入を増やすか、節約して貯金を増やすか、資産運用で資産を増やしておく必要があります。

人生100年と言われる時代に、将来のインフレリスクも踏まえれば、資産運用、つまりお金に働いてもらい、資産を増やすという考え方は欠かせません。ところが、日本国内だけに投資しても、この超低金利では、増やすことは容易ではありません。

では、どうするか。その一つとして、世界経済の成長を資産の中に取り込んでいくことはとても有効です。

たとえば、潜在成長率（実力ベースの成長率）を見ても、前にもお話しした通りアメリカは2％を若干割る程度。欧州は1・4％、それに対し、日本は0・7％。日本円だけで資産を持つということは、0・7％しか成長しない国に投資しているのと同じです。だとすれば2％近く成長する国の資産を持つほうが、お金が増える可能性が高いのは明らかでしょう。

さらに言えば、投資で安定的に資産を増やすためには、ある程度、分散投資をすることが大切です。一極集中では、うまく予想が当たればいいのですが、外れると大きく資産を減らしてしまう。株を持つ場合も日本株だけではなく、外国株も持つほうがいいのと同様、通貨も円一点張りではリスクが高くなります。海外の株や債券を併せ持ち、同時に海外の通貨も保有することで、運用を安定させることは理にかなっています。

――海外の通貨を保有すると、為替次第で損をすることもあります。円で預金すれば、利息はほとんどつかない代わりに、元本割れはありません。安全重視なら、円だけでいいのではないでしょうか。

確かに銀行預金は増えないけど、減ることはありません。その意味でノーリスクです。ただし、それはあくまでも名目ベースで、額面上の話です。1万円預ければ、1万円以下になることはないのですが、インフレ率を除いた実質ベースでは減ることもあり得ます。

将来、物価が上がれば、ほとんど利息がつかない円預金では、資産の価値は目減りしてしまいます。これは大きなリスクがあるのと同じです。円だけで資産を持つということは、そうしたリスクを取っていることだと理解していただきたいですね。

――円だけで資産を持つことがリスク……時代も変わってきているということですね。

実は皆さんはご自身では気づかない、または気にしていないところで、外貨に投資をしているのです。たとえば、皆さんが勤めている会社の企業年金も、資産運用の投資先には外貨建て資産が含まれている可能性が高いはず。そうしないと目指す利回りが実現できないからです。むしろ、入れざるを得ないと言ってもいい。

また、年金積立金管理運用独立行政法人（GPIF）は、将来世代の年金給付を補うために積み立てられているお金の運用を行っていますが、基本ポートフォリオの25％が外国債券、25％が外国株式と、約50％が外貨建て資産で運用されています。

ちなみに、かつては国内の資産への投資でも、かなりのパフォーマンスが得られました。預金の金利が5％を超えていた時代もありました。そうした時代はわざわざリスクを取って外貨に投資しないという選択肢もあったでしょうね。

でも、今は違います。預金金利は定期預金でも1％に満たない状況。株価もここ数年は比較的好調でしたが、少子高齢化が進むこともあり、日本の潜在成長率が1％以下ということを考えれば、この先も過去数年と同程度の値上がりが続くかどうかはわかりません。

世界のインフレに負けない状態にするためには、海外へ投資する必要性が高まっています。その意味で為替の知識を持つことは、資産運用では必須と言っていいと思います。

新NISAで外貨投資への関心が変わるか

——2024年から新NISAがスタートしました。これを機に投資を始めた人も多いようですし、その投資先として海外の投資信託や株を買っている人も多いと聞きます。

新NISAで投資を取り巻く環境が変わる可能性は大きいことは間違いありません。NISAとは「少額投資非課税制度」の英語表記の頭文字をとった略称で、投資で発生した利益、たとえば売却益や配当などに関して、通常の証券口座での取引では約20%の税金がかかるのですが、NISA口座で買ったものについては税金が一切かかりません。これを使わないのは、もったいないと思います。

——外貨投資を始めるとして、資産のうち、どんな割合で持つのが適当でしょうか。

経済評論家のある方と対談した際、**生活資金以外の余裕資金の半分はドル資産にして**

もいい、とおっしゃっていました。彼はもと外資系金融機関のトレーダーでもあり、自身はそれを実践しているそうです。

ただ、投資経験がない人に、それは荷が重いかもしれません。私は、生活資金は円で持ち、**余裕資金の中から投資に回してもいいお金の2割から3割を外貨で持つ**のがいいのではないかと思っています。

ちなみに先ほどもお話しした通り、年金の積立金を運用するＧＰＩＦのポートフォリオでは、資産の50％が外貨建て資産になっています（一部必要に応じて為替リスクをヘッジ）。ある程度、資産を増やしたいと考えれば、それくらい海外に投資しないと難しいということでしょうが、そこまで個人に求めるのはハードルが高いでしょうから、2、3割なら無理のない割合ではないかと思います。

海外投資のメリット

――アメリカの株や投資信託を買う場合、買ったときよりも円安になったときに売ることで、為替差益が得られます。その意味では円高のときに始めるほうがいいですよね。

理屈的にはその通りですが、それは言うほど簡単ではありません。

過去20年の値動きを見ても、1ドル＝155円台のときもあれば、75円という円高のときもありました。今振り返れば、75円のときに大量にドルを買っていれば、大儲けできたでしょう。しかし、**あの場面で思い切って投資をするのは、相当勇気が必要**でした。

なぜなら**多くの人が、まだまだドルは下がる、つまり円高になるのではないか**、と思っていたからです。

その後75円台で底を打って徐々に円安になったのですが、そうなると今からドルを買うのは損をする気がして、また動けない。プロのディーラーは決算があり、結果を出さなければならないからいやでも売買をするのに対し、個人にはそうした制約がないだけに、動けないとも言えます。

いかに投資のタイミングを見極めるか

――いまの為替レートが円高か円安かを見極める方法はありますか。

「高値警戒感」という言葉があるのをご存じですか。株取引で主に使われる言葉で、企業業績などに対して株価が上がりすぎている場合や、上昇の速度が急激な場合、そろそろ相場がいったん調整局面を迎えるのではないか、と多くの投資家が考える。これが高値警戒感です。

こうした状態のとき、投資家はドルを買って、多少利益が出たら売る、という取引をくり返す傾向があり、ジリジリとした動きになりがちです。これによって、短期的には天井が近いという判断は多少できると思います。

――今後アメリカが利下げに向かうと言われているときに、海外の株や債券などの投資信託で投資をし始めるのはあまり得策でないように思いますが、いかがでしょうか。

それはある程度正しいと言えます。ただ、理屈としてはそうなのですが、金融政策の転換点を明確に言い当てるのは、至難の業です。現に、FRBは3カ月に1度、FOMCメンバーによる政策金利見通しを公表していますが、予想外にアメリカ経済が強いので、利下げの予想はどんどん後ずれしていますし、ドル高も続いています。今が天井だと思って相場に参加しないと、資産運用のタイミングをずっと逃したままになってしまう可能性もあるのです。

——だとすると、為替を予想しながら市場に参入するタイミングをはかるのは、やめたほうがよいということでしょうか？

残念ながら、そうとも言えます。

たとえば、植田さんが日銀総裁になるとき、金融政策が変わるのではないかと多くの市場関係者が考えました。黒田さんは超低金利を続けたが、植田さんは緩和を解除するのではないか、ということです。そこで、為替相場では円高になることを見越して円買いをする人が増えました。

しかし、蓋を開けてみると、就任直後、植田さんもこれまでの金融政策を維持すると言う。その結果、買われていた円が再び売られた。しかも、しばらくは金利が上がらないとわかったので、円を売る投資家が増え、大きく円安が進みました。あのとき損をした投資家は、かなりいたはずです。

一方で、短期での値動き、たとえば週末に発表された雇用統計の数字が強かったら来週はドル高になりそうだ、という予想はできます。それを基に売り買いをすれば、利益が得られる可能性はあります。ただ、これはいわゆる投機的取引で、投資とは言えません。

では、中長期的な見通しに基づいて、ある程度まとまった資金を投入する、文字通りの投資なら確率が上がるかと言えば、そうとも言えません。

たとえば、**さすがに100円の円高はいきすぎだと思って、日本円での定期預金を解約して外貨預金をしたのに、その後75円になったということは、当時いくらでもあった**はずです。為替相場も循環するものですから、いずれは購買力平価の94円付近に戻ることだって、可能性が絶対ないとは言えません。

しかし、それが本当にあるのか、10年後なのか20年後なのかは今の段階では誰にもわからない。その間、含み損を抱えることになるわけで、これは精神的に辛いことです。

——では、一か八かで始めるしかないということですか？

相場の値動きを100％当てるのは、どんな専門家でも不可能です。しかし、可能性としてはどうなるかというのは、ある程度見通すことができるのも、また事実。それに基づいて投資をすることは必要です。

たとえば今後10～20年というスパンで相場を読む場合、どういった材料に焦点を当てたらいいかもわかりませんし、そのときの世界の政治経済がどうなっているかも、もちろん現段階ではわかりません。ただ、一つだけ今からわかっていることがある。それは人口動態です。2040年問題というのを聞いたことがあるかと思います。

——日本の高齢化はかなり進んでいますからね……。

２０４０年頃に団塊ジュニア（１９７１〜１９７４年生まれ）が65歳を超え、全人口に占める65歳以上の高齢者の割合が約35％に達すると予測されています。

これにより、現役世代の年金受給者に対する負担が増大すると予測されているうえ、労働力不足や生産性の低下など、経済の縮小が懸念されるところです。少子高齢化が進めば、高齢者はこれまでの貯蓄を取り崩して生活していくことになります。

少し複雑な話になりますが、経常収支を政府と民間の「貯蓄と投資の差額（貯蓄投資バランス）の和」とする見方ができます。貯蓄が投資を上回る国では経常収支が黒字となり、逆に投資が貯蓄を上回っていれば赤字となるのです。

高齢化が進み、高齢者が貯蓄を取り崩して生活していくと、貯蓄が減っていくことが想定されます。そうなると、将来、日本の経常黒字は減少していく可能性が高いことになります。場合によっては赤字になるかもしれません。

経常黒字の縮小や赤字への転落は、円が弱くなる要因となります。将来その可能性が高いのであれば、やはり、リスクヘッジの観点から、資産の一部を海外に投資したり、外貨を保有しておくのは、戦略として悪くないはずです。

——人口動態は急には変わらないですから、円安の要因としては強力ですね。

将来のインフレリスクに備えるとすると、インフレ＝モノやサービスの価格が上がり、結果として円の価値が下がっていくわけですから、外貨建て資産の保有は有効と言えます。

どちらかと言うと、10～20年という長期スパンで考えた場合には、あくまでリスクヘッジの観点、円一極集中からの分散を図るため、という感覚でいていただいたほうがよいと思います。

ただし、そうした考え方に基づいて、外貨、たとえばドルを買ったとしても、その後、突発的な事態が起きる可能性が常にあるのもマーケットです。景気循環や中央銀行の金融政策から考えれば円安でも、アメリカで天災が起きればドル安になり、結果として円高になるわけです。

そうした相場の動きを常に気にするのがいやだというのなら、**まずは一度にまとまった金額を投資することは避ける。**お小遣いの範囲なら仮に予想が外れて損をしても、精神的なダメージも少ないはずです。ただ、それではいつになっても、資産は増えません。

では、どうすればいいかと言えば、長期積立投資が一番安心というのが結論です。今は投資信託も手軽に積立分散投資ができるようになっています。

やっぱり積立投資がいい？

――株価は基本的に企業業績を反映します。資本主義では経済は波があっても、拡大するのが前提。だとすれば株価は市況によって波はあっても、持ち続ければ、いつかは買値以上に戻す可能性が高いと言えます。その点、為替はどうでしょうか。

為替にも循環はあります。ただ、大きなトレンドは数年単位で続く場合があるため、大きなトレンドの天井や大底で取引を始めてしまうと、下落後に買値まで戻るのにかなり時間がかかる場合があります。

外貨預金の場合、利息がつくため、それによって為替の差損を軽減できます。とはいえ、金利は年に数%。一方、為替の変動はそれよりもはるかに大きい。高金利だけに目を奪われて、一括で新興国通貨の外貨預金などしてしまうと、為替差損で思わぬ大きな含み損を抱える危険もあるので注意が必要です。

その意味でも、特に初心者の方は少額を定期で積み立てられる外貨預金がおすすめです。

資産を安定して増やすために一番大切なこと

――新NISA関連のサイトでは、20年、30年と積立投資を続ければ複利でこんなに増えます、と書かれています。ですが、利益が出れば、下がる前に売りたくなるでしょうし、そんなに持ち続けるのは簡単ではない気がします。

実際、積立投資をしていても、ある程度利益が出ると、利益確定をする人が少なくありません。今はネットで運用パフォーマンスがどうなっているかをすぐに確認できますから、大きく増えていることがわかれば、利益を手にしたいと考えるのは自然かもしれません。

利益が増えているのならまだいいのですが、下がっているのを見続けると、誰でも不安になります。長期で持てばいずれ挽回できる可能性が高いとはいえ、保証の限りではありません。よほど精神力が強くないと、下がっているときも継続して積み立てるのは難しいというのは理解できます。

しかし、そこで投資をやめると、長期分散投資のメリットを受けることはできません。むしろ**売却の誘惑をはねのけて、いかに我慢するか。それが資産を安定的に増やすための最大の課題**といってもいいかもしれません。

以前、アメリカの富裕層向けの投資アドバイザーをよく知る専門家に伺ったところ、**「アメリカの場合、アドバイザーの仕事は、相場がよくないときに、丁寧に説明して、いかに顧客に解約をさせないかだ」**と言っていましたが、その通りだと思います。

――積立投資を続ける秘訣はありますか？

一つは、投資するのは余裕資金だけにすること。なくなってもいいとは言わないまでも、仮に元本割れしても、生活には支障がない資金を投資に回すのです。それなら、運悪くマイナスになっても「いずれ戻るだろう」と楽観的になれるからです。

投資先を分散する方法もあります。資産のすべてを海外に投資すると、円高になったときに損が出るのは当然です。長期では円安の可能性が高いから外貨を持つことは合理的ですが、ある程度は円高で値上がりする投資先にも分散させるべきです。

こうして一方が下がったときも、一方で値上がりする資産を持っていれば、精神的な負担はかなり軽減できます。同じ外貨でも、たとえば基軸通貨のドルを軸にしつつ、ユーロや豪ドルなど、複数の通貨に分散するのもいいかもしれません。

あとは、上がっても下がっても売らずに投資を続けるのが一番だと、ご自身で経験するしかないと思います。リーマンショックで株価が暴落したとき、100年に一度の大暴落などと言われましたが、数年後には元に戻って、今はリーマン前よりも大幅に値上がりしています。

為替が1ドル＝75円まで円高になったときもありましたが、2024年5月末現在では156円を超える円安です。こうした変化の過程を経験した人は、次に市場が大きく変動しても、我慢できるはずです。それができた人が、最終的には大きな資産を作れるとも言えます。だからこそ、できるだけ早く投資を始めて、さまざまな局面を経験することが大事なのです。

――他にはありますか。

定額投資も有効だと思います。外貨預金のときによく使う、「ドルコスト平均法」という手法があります。たとえば銀行に毎月1万円ずつドル預金を積み立てる、外貨積立預金を申し込んだとします。そうすると、1ドル＝150円のときは、1万円で買えるドルは66ドルですが、1ドル＝100円になれば100ドル買えます。ようするに円高・ドル安のときはたくさんのドルが買え、円安・ドル高のときは少ししかドルが買えない。いずれにせよ、毎月買い続けることに変わりありませんが、結果として長期で見ればリ平均購入価格を抑えることができるわけです。

ドルコスト平均法は、必ずしもドルに限ったことではなく、積立投資信託でも同じこと。毎月1万円グローバルな「株式や債券などの資産」に投資する投資信託を購入するとしましょう。投資信託に含まれる株式が下落するなどして、基準価額（投資信託の値段のこと）が下がったときには、1万円でより多くの口数を購入でき、上昇局面では購入口数は減ります。

こうしたドルコスト平均法を用いた積立投資は、相場の急落時にも慌てなくて済むうえ、相場上昇時など、「割高かなあ……」と不安になるときも、「下がったらまた多めに買える」と考えることができます。それによっていつでも投資を始めやすく思えたり、相場の局面にいちいち左右されずに済む、というメリットがあります。

テクニカル分析は有効か

——為替の値動きを予想するのにチャートなどを使ったテクニカル分析が有効だと聞きます。尾河さんは活用していますか。

テクニカル分析は有効だと思っていますから、積極的に活用しています。

チャートなどのテクニカル分析は、過去の値動きをグラフ化したものです。「移動平均線」や「一目《いちもく》均衡表」などが典型ですが、過去に起こったことを基にして、これから起こりそうなことや起こりつつあることを見る手法とも言えます。

たとえば「フィボナッチ」でいえば、大きく下落したとき、どこまで戻るかを予想する際、半値戻しや61・8%戻しなどのポイントが一つのメドになるわけです。

さまざまな使い方がありますが、私は主に、**今の相場がどのあたりまで上がるか、また下がるかの目標値の目安を知るために活用**しています。この相場は、ここまで来て、仮に、このテクニカル水準を抜けた場合には、さらにここまでは進むだろう、という感じです。上がるか、下がるかといった方向性自体を判断するのにはあまり使っていません。

――テクニカル分析に合理的な根拠はあるのでしょうか。

多くの投資家が、こうしたチャートやテクニカル分析の手法で相場の先行きをイメージしながら取引をしています。同じポイントに注文が集まりやすくなるわけで、その結果として、実際にその通りになるということはあると思います。

また、100円とか、150円などの「大台」で相場が止まったり、引っかかることが多いのも同様です。たとえば2024年も1ドル＝150円まで円安になりました。2023年も一度超えていますから、ここに特別な意味はなくなっているはずなのですが、なかなか超えられずに停滞するのは、150円という節目付近で多くの人がドル売り、円買い注文を出しているのと、あとは前回、為替介入があったから、今回もまた介入があるのではないか、という警戒感が投資家にあるからです。

これもテクニカル分析に意味があるのと同じ理屈で、多くの投資家が気にする、いわば〝共通認識〟になっているから、それを反映して相場が実際に動くのだと思います。

――だとすると、自分でもいろいろ分析はできますが、まずは誰でも知っているチャート分析手法に基づいて取引をしたほうが、効果があるということでしょうか。

多くの人が知っている分析のほうが、当たる可能性は高いというのはあるでしょうね。つまり、多くの人が気にしている、ということがチャート分析では重要なのです。

最近はアルゴリズムという計算手法を駆使した「システムトレード」も普及しています。要するに、一定の計算や条件設定に応じて、勝手にコンピューターシステムが取引するという自動取引のことで、そのなかにはテクニカル重視のシステムもあります。

たとえばですが、テクニカル分析の重要ポイントを抜けたら、上昇トレンドが続くと読んで買うとか、割ってきたら売るということです。

近年の相場は、こうしたテクニカル分析のセオリー通りに動くようになっていると言われていますが、それもシステムトレードによる取引の割合が高まっていることと関係しているからだと思います。

短期の投機筋はどのようにして儲けているのか

――ある程度短期の投機に限られるかもしれませんが、相場の流れに乗って儲ける方法と、相場の逆をあえてねらって行く方法がありますが、為替を使った投資ではどちらが向いていると思いますか。

いわゆる「順張り」と「逆張り」ですね。たとえば円安・ドル高が進んでいるとき、ドルの上昇で利益が出るポジションに投資するのが順張りで、そろそろ相場が逆転するのではないかと予想して円高で儲かるポジションを持つのが逆張りです。

日本の個人投資家は「逆張り」好きだと言われています。ドルが下がったところで、ドルを買うやり方です。予想が当たれば気持ちがいいですし、安いところで買って、高くなったら売るという点でも間違いではないのですが、逆張り投資では買うタイミングが非常に難しくなります。そろそろ底だと思って買っても、さらに下がる場合もあるからです。そうなると、その後に思惑通りにドルが上昇すると、マイナスがプラスになったという安心感からか、少ない利益で利益確定してしまう傾向があるようです。

相場の読みが当たっているのに、大きな利益が得られない人には、このタイプが多い気がします。

――外国人投資家は、順張り派が多いのですか？

どちらかと言えば、その傾向が強い気がします。特に短期で勝負する投機筋には、その傾向が強い。流れに後追いするため、欲張らなければ、確実に利益が得られる可能性は高くなると言えます。

――日本人は個人も機関投資家も外国人に比べてパフォーマンスがよくないと聞くことがありますが、そこに理由があるのでしょうか。

理由の一つとしては、あるかもしれませんね。相場の動きが小さく、緩やかなときは、逆張りでもいいのです。上げ下げをゆっくり繰り返しているときは、トレンドが読みやすいので、いい結果が得られる可能性も高いと思います。ただ難点は、大相場で大儲けすることが難しいことです。

うまいトレーダーはこんなやり方をしています。たとえば1ドル＝100円でドルを買う。その後110円になったとします。まだ上がると思っても、とりあえず利益を確定する人もいるでしょうが、**うまい人は、さらに買い増すのです。それで130円になったら、また買い増す。順張りで上がるほど、持ち高を増やす**わけです。

結果、大きなトレンドができたときは、莫大な利益が取れる。もちろん、どこかで天井を打つときが来るのですが、過去に買った分でそれなりの含み益を得ていますから、最後に買った分が外れても、大した損害にはなりません。

――大相場で大きな利益が得られると気持ちいいでしょうね。

それに対し、初心者の投資家は、100円で買って110円になると、その段階ですべて売ってしまう。前に触れたように、**半分程度売って、また買う機会を待つ、というならよい**のですが、利益確定が早いのです。

たとえば、110円を待てずに105円で売る人も多いのですが、自分の予想が当たったことで満足してしまうのと、「下がったらどうしよう」という不安に駆られるのもあると思います。

もちろん利益を確定させることは間違いではありません。本人も110円で売っても105円になったら、また買えばいいと思うのでしょう。自分が売却しているから、そこが天井であってほしいと思うのですが、なかなかそうはうまくいきません。

110円で売った後に115円になると、心のどこかではしまったと思うし、さらに上がるかもしれないと思っても、手を出せない。**自分が売ったレートと同等や、さらに高いレートで買うのは心理的な抵抗が大きい**からです。

結果、150円まで値上がりしたのに、そのときはポジションを持っておらず、指をくわえて眺めていたということになってしまう人が少なくない気がします。

——日本人は投機的取引に向いていないのでしょうか。

私の推測ですが、民族性も関係しているかもしれません。つまり、狩猟民族と農耕民族の差です。狩猟民族の西洋人は、ここで勝負しないといつ獲物にありつけるかわからないという危機感があるから、リスクがあっても大きな勝負ができる。

それに対し、農耕民族の日本人は、果実が実るのを待つタイプなので、逆張りを好む。しかも、大きな獲物よりも確実に果実が得られる道を選ぶから、リスクをおかしてでも大きな獲物をねらうことができないのかもしれません。

あとは、多くの日本人が相場に親しむようになって日が浅い、というのも関係している気がします。慣れの部分もありますし、経験を積み重ねれば、少しずつ変わっていくとは思います。

利益の確定は難しい

――FXなど短期の運用では、ある程度損が拡大したら、思い切ってロスカット（含み損が一定の水準に達したときポジションを強制決済する）をすることも必要だと思います。その場合の目安やいいやり方があれば教えてください。

私もかつては為替ディーラーとして日々売買をしていましたが、そのときは厳しいロスカットのルールがありました。ディーラーごとに、ここまではロス（損失を出す）をしてもいいという金額を会社が決めているのです。仮に予想が大幅に外れて損失が拡大して、決められたロスの上限、つまりロスリミットを超えてしまうと、一定期間の出場停止、つまりアイスホッケーでいうところのペナルティーボックス入りとなり、一定期間、ディーリングをさせてもらえなくなるのです。

私が外資系銀行にいたときも、同僚がペナルティーボックスに実際に行かされた例がありました。当然、周囲にもそれはわかります。利益を得るチャンスが減れば、収入にも関わってきますが、組織である以上、取っていいリスクに上限があるのは仕方ないことです。

積立投資の場合は必要ありませんが、短期での取引、特にＦＸのようなレバレッジを利かせた投資をしている場合は、個人もこうした決めごとをしておくのは不可欠であり、自分自身のなかで、ここまで損が膨らんだら手仕舞いするという自分なりのルールは持つべきです。

――そうはいっても、つい損を抱えたまま塩漬けにしてしまう人も多い気がします。

為替相場には循環性があるから、いずれは戻る可能性もあるとはいえ、**塩漬けにして資金を寝かせてしまうと、次のチャンスが来たときに勝負をする資金がない**という残念なことにもなりかねません。継続的に投資をするためにも、傷が浅いうちに撤退することが大切です。いったん手仕舞いすれば、相場のことも冷静に見ることができます。

――プロの人たちは、損を抱えたまま塩漬けにすることはほぼないのでしょうか。

プロのディーラーたちは、最大損失額を計算したうえで、相場に参入することが多いように思います。

たとえば、ドル・円の高値160円が近づいていて、円買い・ドル売り介入の可能性が高まっている、アメリカの利下げも近い、というときに、これにあえて立ち向かってドルを買う投機筋もいるものの、大方は160円10銭～160円50銭くらいのところに、ドルを買い戻すためのストップロスオーダー（この水準を超えたら買い戻して損切りするという注文）を発注しつつ、ドル売り・円買いのポジションを構築したりすることもあります。

159円90銭くらいでドルを売り、160円50銭で買い戻しても、傷は浅いですし、ポジションの金額で、最大ロスがいくらになるかは容易に計算することができます。

また、うまくすれば150〜155円くらいまで円高・ドル安が進むかもしれません。このように、損切りまでの距離よりも、利益確定までの距離がより遠い水準から相場に参入するほうがうまいディーラーということになるわけです。つまり「**利食いは遠く、損切りは近く**」がプロの鉄則なのです。

しかし、これも理論的にはそうなのですが、なかなか決断が難しいでしょう。

そうならないためにも、個人は短期での投機的取引では大きなお金をかけないようにすべきだし、ある程度大きなお金を投入するのは積立投資にするほうが無難です。

個人投資家の場合、それが最終的には大きな資産を得るための、最も合理的な投資方法だと私は思います。

第3節　外貨投資　商品編

外貨投資における注意点

――外貨に投資する仕組みはさまざまで、選び方がわからないという人もいます。

今は外貨に投資する方法も多くなりました。外貨預金、FX、外国債券、外国株、外貨建て投資信託、また円建ての投資信託でも、投資先が外貨建てで為替リスクを取っているものもありますし、本当に多種多様です。こうした金融商品を扱う金融機関にも、銀行、証券会社に加えてネット専業の銀行、証券会社、資産運用会社などがあります。

ところで、私がこの世界に入った頃は、為替取引など、個人ができる時代ではありませんでした。為替取引をするのは銀行の為替ディーラーくらいだったのです。まだ携帯電話のない時代でしたが、先輩ディーラーは皆、ポケットロイター（ポケベルを利用した、為替の通貨レートを表示する小型端末）を常日頃携帯していて、飲み会のときもテーブルの上に置いて、為替レートをチェックしていました。海外時間も含めて、どこにいても常に相場をウォッチする姿を見て「かっこいいな」と、そのプロ意識に憧れたのを今でもよく覚えています。

ところが今はスマートフォンで誰でもリアルタイムで複数通貨のレートを知ることができるばかりか、簡単に為替の取引までできるようになっています。外貨建ての投資信託も、今やスマホで買える時代です。為替取引が民主化され、外貨投資の選択肢が増えたのは、とてもいいことだと思います。

――外貨投資の選択肢が増えた分、いい商品も増えたのでしょうね。

ただ初心者の方は一口に「外貨投資」と言われても、何をしたらいいのか迷ってしまうかもしれません。投資経験や目的、資金の規模、リスク許容度など考慮する条件が多く、一概には言えませんが、これまで銀行の円預金だけをしていた人は、安全性重視でしょうから、その一部をドルなど外貨預金にすることから始めるのがいいかもしれません。

円預金は金利が低いし、将来円安が進んだ場合のリスクをヘッジするためにも、余裕資金の一部を外貨投資に回すことは有効ですし、その目的なら外貨預金は適しています。より積極的に、将来に向けた資産形成をしたいというなら、海外の株式などで運用する投資信託はよい選択です。特に、ゆっくりと長い時間をかけて積み立てることができる現役世代にはおすすめと言えます。投資経験があり、経済の知識も豊富な方は、海外の個別株に直接投資するのもいいと思います。

——最近では、かなり高金利の外貨定期預金などもありますし、もっと言えば、南アフリカ・ランドやトルコ・リラなど、かなり高金利の通貨も魅力的です。

高金利は確かに魅力的ですが、為替変動リスクがあることも忘れてはならないポイントです。

たとえば、やや極端な例を言えば、預金金利が10%の外貨を購入しても、為替レートが20%下落したら損してしまいますよね。**新興国などの高金利通貨は、そもそもインフレ率が高いので金利が高い**のです。

前にお話しした、「実質金利」の考え方で言うと、高インフレ率の国は、実質金利は低いので、通貨はむしろ脆弱です。投資家のマネーが集まっているうちはいいのですが、もし何か悪いニュースなどがあった場合は、急落するリスクも高いので要注意です。

――外貨預金は、他の外貨投資商品に比べて為替手数料が高いと聞きますが。

かつてはドル預金の場合1ドルにつき片道1円の為替手数料がかかっていましたが、近年はかなり安くなっています。通貨によって異なりますが、特にネット銀行の場合、ドルを買うための手数料は1ドルあたり片道15銭程度。預けるときと日本円に戻すときを合わせても30銭程度です。キャンペーン期間になると、手数料がゼロ円になったりすることもあります。

為替手数料を安くすませたい方は、そうしたタイミングを利用するとよいでしょう。

また、国内預金は預金保険の対象で、万が一預けている金融機関が破綻しても、元本1000万円までの元本と利息は保証される制度がありますが、外貨預金はその対象外なので注意してください。一つの金融機関のみに多額の外貨預金をする際は、慎重になったほうがいいかもしれません。

金融機関にもよりますが、外貨預金には他の外貨投資商品にはないメリットもあります。通常の外貨投資商品は解約すると、円に交換しなければいけません。そこで為替の差益や差損が発生するリスクがあります。ところが外貨預金は通貨ですから、たとえばドルのまま持ち続けて、それをアメリカに行った際に買い物で使える場合もあります。

そして海外に行った際、たとえば一部の銀行では、その銀行が発行するデビットカードを使えば、預けている外貨預金のドルを為替手数料なしで買い物に使うことができるサービスもあります。このようにドル預金でドル建ての投資信託を購入したり、ドル預金でデビットカードを使うなど通貨ならではの活用方法があります。

外国株の投資信託について

――海外企業の株で運用する投資信託などの中には、値動きに為替の影響を受けないようにする、つまり投資先企業の株価の動きだけで、基準価額が決まるような商品もあると聞きました。

「為替ヘッジあり」、というものですね。「為替ヘッジあり」だと、為替変動を抑えつつ海外資産に投資することができるので、メリットが大きいように見えますよね。

ただ、**「為替ヘッジあり」だと、「ヘッジコスト」といって、金利差分の手数料がかかるので、「為替ヘッジなし」に比べて運用成績（パフォーマンス）が見劣りする**可能性が高いです。特に今のように、日米の金利差が拡大している環境では、ヘッジコストは高くなります。

たとえばアメリカ株に投資する投資信託の場合、ドルを売って円を買い、為替リスクをヘッジしますので、円安・ドル高に進んだ場合、そのメリットを享受できないということになるわけです。せっかく海外資産に投資しているわけですから、為替ヘッジをするのではなく、先ほどお話ししたように、コツコツ積み立てることによって、為替変動の影響を平準化していくのがいいように思います。

――新NISAではアメリカのS&Pに連動する投資信託や、全世界株式（オールカントリー、略してオルカン）への投資信託が人気だと聞きます。これらも円高のときに買って、円が安くなったときに売却すれば為替差益が得られます。それらをねらうべきですか？

うまくいけば、投資信託の値上がりに加えて為替差益がダブルで得られるので、その意味では為替相場が円安のときよりも円高で購入したほうがいいでしょうね。

ただ、海外の株式投信の場合は、たとえばアメリカ株はアメリカ経済が好調なときに値上がりする傾向が強く、そのとき為替はドル高になりがちです。

反対に円高・ドル安のときは、アメリカ経済が不調で、株価も下がっている場合が多い。そのときに思い切ってアメリカ株式ファンドを買うのはなかなか勇気がいりますよね。その意味でも積立投資がベターと言えます。

外国株について

――最近メディアなどでは、アメリカ株へ投資をすすめる人が多いようです。

アメリカ株のパフォーマンスが他の市場に比べて高かったのは事実です。しかし、それはあくまでも過去のこと。必ずしもそのような状態が続くとは限りません。投資信託のセールスでも過去の値動きを示すグラフを見せて、こんなに上がっています、だから買ってはどうですか、というのがありますが、それを鵜呑みにするのは感心できません。

ただし、すでにお伝えしているように、グローバルに見れば、アメリカの潜在成長率は日米欧で最も高いですから、日本株に投資するより、アメリカ株に投資するのが正しい選択です。グローバル分散投資をする意味からも、投資資金の一部でアメリカ株を持つのはいいことです。

――アメリカへの投資は、日本ではブームになりつつありますね。

とはいえ、景気は循環するのが基本です。いいときもあれば悪いときもある。株価もそれに呼応して上昇したり、下落したりするものです。アメリカでもITバブルが崩壊したときやリーマンショック直後は、二度と復活しないのではないかと思われましたが、今はあの頃よりも大幅に高くなり、最高値を更新しました。

生成AIなどが典型ですが、常に歴史を塗り替えるようなイノベーションがアメリカでは起こるからです。

歴史をさかのぼれば、長らくアメリカは自動車や電機など製造業を中心に成長する国でしたが、日本をはじめアジアの台頭などで製造業は衰退しました。でも、その代わりにITや金融で稼ぐ国に変わりました。ある産業が衰退する時期にバブルは崩壊するものの、新たなスター企業が登場し、株価も復活する。このダイナミックな動きが衰えないという意味でも、アメリカ株は魅力的な投資先だと言えます。

ただし、一つの銘柄に集中投資すると、予測が外れたときに大きな損失が出るので、資金に余裕があるなら、複数の銘柄に分散するほうがいいでしょう。もちろん、その分、収益も限られますが、円預金に比べれば、資産が増やせる確率は格段に高いはずです。

――アメリカ株の潜在的な成長力は魅力ですが、為替リスクを取りたくないという人はどうすればいいでしょうか。

日本のグローバル企業に投資するのが一つの方法です。**海外に製造拠点がある企業や、海外に投資している企業、海外から稼ぎを得ている企業**です。

より具体的に言えば、**利益に占める海外の割合が高い企業**ということです。こうした企業に投資するということは、日本企業に投資しながら世界の成長を一部取り込んでいるということです。

こうした企業の利益も為替に左右されますから、その意味では為替と無縁とは言えないのも事実です。為替の影響は受けますが、長期的に見れば海外で利益を得ている企業のほうが、国内だけでビジネスをする企業よりも成長できる可能性が高い。だとすれば、そうした企業の株を買うことは合理的だと思います。

金《ゴールド》の相場予測は可能か

――近年、金価格が高騰しています。為替と金の値動きに相関関係はありますか？

金は実物資産の一つですが、そのなかでも独特の存在と言えます。国が発行する通貨とは異なり、金はどこの国にも属さない実物資産で、価値としてはキャッシュに最も近い。ただし、保有していても利息はつきません。場合によっては保管にコストがかかる場合もあるくらいです。このため、アメリカが利下げしているときは、相対的に金の価値は高くなる。一般にドルと金は逆の動きをするといわれています。ドル高（円安）時に金は下落、逆にドル安時に金は値上がりする傾向があります。

また、実物資産なので、インフレ時には価値が上がりやすいとも言われます。インフレはモノの値段が上がり、お金の価値が下がる状態だからです。

注意が必要なのは、金の国際価格はドル表示だということです。先の説明も、すべてドルベースでの話で、金価格が上昇するドル安時は円高になりやすく、円換算の金価格は為替の関係でドルベースでの上昇ほどに値上がりしません。円安で円ベースでの価格が上がるとき、金自体の国際価格は下がっていることが多い。為替換算すると、金への投資メリットが大きくないと言われるのは、そうした理由からです。

――ただ、ここ数年の金価格の動きは先の説明とは、やや違う気がします。

アメリカはインフレなので金そのものの価格が上昇しているのはセオリー通りなのですが、為替は円安・ドル高になっているため、円での金価格が過去最高になったのは記憶に新しいところです。

アメリカではインフレが進み、2022年から金融引き締め（金利上昇）が行われ、今も高い金利が続いており、為替はドル高になっています。ドル高なら本来、金価格は落ち着くはずなのに、インフレによるモノの価格上昇のほうが、金利高による影響（利息のない金の魅力低下）より大きいということになります。

こうして金自体の価格が上がるのと並行して円安・ドル高になって、円建ての金価格も暴騰しています。金を保有している人には嬉しい話ですね。

――「有事の金買い」という言葉を聞いたことがありますが、金価格の上昇にはウクライナ情勢や中東問題の影響はないのでしょうか。

それはありますね。地政学的リスクが高まると、どんな状況でも価値が保証されている金が注目されるものです。

――戦争もいずれは落ち着くでしょうし、アメリカのインフレも徐々に沈静化しているようです。保有している金価格が大きく値上がりしている人は、売却も考えたほうがいいですか。

大量に持っているなら、一部は売却を検討してもいいかもしれません。

ただ、長期的観点で言えば、今後も金価格は、あまり下がらない可能性もあります。それは、世界全体で見ても不確実性が高まっているからです。

――不確実性が高まっているというのは、どういう点からわかるのでしょうか。

「経済政策不確実性指数（ＥＰＵ）」にも、それが表れています。これは、世界中の新聞紙面にある不確実性を示す言葉を拾い集めて指数化したもの。そこに、経済指標がエコノミストの事前予想とどれだけ乖離したかや、財政上の不透明感の高まりを加味して算出されています。つまり、政治上、政策上の不透明感が高まると、この指数が上昇するわけです。

１９８０年代以降の数字を見ても、リーマンショックやトランプショックなどが起きると、急上昇してきました。しかも、以前は何かのショックでこの指数が上昇しても、しばらくすると落ち着いていたのですが、最近はあまり下がらなくなってきました。下がったポイントを結んでトレンドラインを引くと、右肩上がりになっているのです。

つまり、不確実性が年々高まっている。これは大変由々《ゆゆ》しき事態です。

特にトランプ氏が大統領になった2016年以降、その傾向が顕著です。コロナショックはある程度落ち着き、世界経済は持ち直したと言われますが、コロナで停滞した経済を立て直すために世界中の中央銀行が金融緩和を進めた結果、カネあまりになっているため、株価は実体経済を反映しないほど上昇しています。

政治的にもウクライナ問題が起こり、米中対立は激化、さらに中東も不安定感が増している。さらに言えば気候変動により異常気象が続いています。山火事、台風、洪水、地震、寒波など、世界中で過去数百年に一度と言われる自然災害が日常的に起きています。

こうした状況になると、人々の心に不安が高まり、その不安心理から「資産の一部を金で持つほうがいいのではないか」という心理が働くのは想像にかたくありません。

——今からでも金を買ったほうがいいでしょうか。

今は金利高にもかかわらずアメリカのインフレ率が高いことで、金が値上がりしています。しかし、いずれはインフレも落ち着き、そうなれば金価格もそれを反映して落ち着く可能性がある。分散投資や積立投資で買うのなら問題はありませんが、ある程度まとまったお金で投資するのは、もう少し様子を見たほうがいいかもしれません。

金は、それで儲けようと思って買うというよりも、世界経済にとんでもないことが起きて、国が発行するペーパーマネーの価値や株価などが低下したときに備えるという意味のほうが大きい商品です。

金には利息がつきませんから、保有しているだけでは何のリターンも生みません。

確かに有事に金価格は上がるかもしれませんが、実際、日本が戦争に巻き込まれるようなことが起きたとき、金を抱えて海外に行き、それを現地の通貨に換えて買い物をするかといえば、それができる人は多くありません。その意味でもリスクヘッジ、分散投資の一部に止めたほうがいいと思います。

MMFや外国債券ファンドはおすすめか

――日本の財政破綻に備えたほうがいいと言う人の中には、外貨建ての債券ファンド、たとえば外貨建てMMFをすすめる意見もあります。

外貨建てMMFとは、外貨で運用される投資信託の一つで、MMFは「Money Market Fund」の略です。主にドル建ての商品を指します。

格付けが高く、短期の国債や地方債、社債などで運用されるため、比較的安全性が高く、その通貨の金利水準が運用成績に反映されます。

売買手数料はかかりませんが、円から外貨、外貨から円に交換するための為替手数料が必要です。また、投資信託の一種ですから、保有期間中は、信託報酬がかかります。

外貨預金に比べて為替手数料も安く、比較的利回りが高いのが魅力です。ただ、投資信託であるため元本保証はなく、為替リスクがある点は変わりません。

――格付けの高い債券で運用されるのであれば、安心ですね。

外貨預金ではなく、外貨建てMMFを好む方は、おそらく税金に注目しているのでしょう。外貨預金の為替差益は雑所得として所得税、住民税の課税対象となります。また、為替差益の所得税に累進課税方式が適用されます。累進課税方式とは、収入に応じて税率が異なる仕組みです。ほかの所得との合計額が多いほど税率も高くなるのです。

これに対し、**外貨建てMMFは「申告分離課税」として所得税15・315%、地方税5%の税率で課税されるだけで、所得に関係ない。**その点で所得が多い人にはメリットがあると言えます。

ただ、MMFも投資信託ですから、流動性は投資信託と同様で、リーマンショックのときも流動性が枯渇して大騒ぎになりました。その点は注意が必要です。

——MMF以外のいわゆる「外国債券ファンド」はどうでしょう。

外国債券ファンドは海外の債券で運用する投資信託ですから、先進国の債券でも、国内債券より金利が高いのは魅力です。構成が米国債券だけだったり、新興国の債券だけなど、さまざまなタイプがありますが、人気はグローバル債券ファンドです。世界の債券に分散投資されているため、安全性が高いのが魅力です。

債券の価格は、金利と逆に動くのが特徴です。金利が下がると債券価格は上昇します。アメリカは今後、金利がピークをつけて低下に転じる可能性が高いとすれば、債券価格は上昇が期待されます。その意味でアメリカの債券ファンドに投資するには、これからはいいタイミングと言えます。

ただし、**金利が下がれば円高・ドル安になる可能性があり、為替の面ではむしろ逆風。**債券の値動きよりも、為替の変動幅のほうが一般的には大きいことを考えると、ここは難しいところです。

いずれにせよ、リスク資産である株式に対して、債券、特に国債は安全資産ですから、同じドル建てであっても、株価が下落するなどのリスク回避の局面では、保有する金融資産のポートフォリオで、債券の比率を高くしておくほうが安全と言えます。

また、長期での積立投資を考えるのであれば、投資を開始するタイミングはさほど影響しませんから、今すぐ始めてもよいと思います。

ＦＸは危険か
――もう少し積極的に為替で儲けたいという人は何を選べばいいでしょうか。

それなら外国為替証拠金取引（ＦＸ）でしょう。外国為替のことを英語でＦＸ（Foreign Exchange）と言いますが、日本では、外国為替証拠金取引のことをＦＸと呼ぶのが一般的になりました。日本で外国為替証拠金取引が始まった１９９８年以降、これを利用する個人が増えてきたためだと思います。

ＦＸは、外貨預金と同様、外貨に投資する商品ですが、外貨預金が手持ち資金の範囲でしか取引できないのに対し、**証拠金として預けた資金の何倍もの取引が可能**なことが大きな特徴です。

この仕組みを「レバレッジ」をかけると言いますが、「レバレッジ」とは「てこ」の原理を示しており、少ない資金で大きな額の取引ができることを意味しています。

――「少ない資金で大きな額の取引」というのは、ちょっと危険な気もしますが。

取り扱うFX会社により多少差はありますが、**現状証拠金6万円程度で1万ドル、つまり約150万円の取引が可能**です。外貨預金で1万ドル預金しようと思うと約150万円必要なので、この差は大きいですね。

「スワップポイント（金利差調整分）」というのもあり、日本円のような低金利通貨を売って、金利が高い通貨の買いポジションを保有すると、金利差相当のお金がポジションを持っている期間中入ってきます。

現在のように日米の金利差が拡大していると、その金額がかなり大きくなります。2024年2月時点で、ドル・円のスワップポイントは1万ドルあたり240円程度。これが毎日もらえます。保有している期間中、これをもらえるため、仮に為替で損が出ても、その分だけ損が薄まるというわけです。

外貨預金で高い金利を望む場合は、ついつい高金利通貨、新興国通貨などに目が行きがちですよね。しかし、これらの通貨は為替の変動が大きくなりがちで、思わぬ損をする危険があります。

今は、ドルやユーロなどの先進国通貨でも金利が高いので十分魅力的です。その場合、金利がつくのは預け入れた元本に対してですが、ＦＸならレバレッジを利かせれば、より効率的にスワップポイントを獲得できるようになるわけです。

――非常に魅力的な話に聞こえますね。

外貨預金は外貨を買う取引のみですが、ＦＸなら「売り」から相場に参加することも可能です。たとえばこれから円高・ドル安が進むと思えば「ドル・円」の売りポジションを持つ。予想が当たれば、利益が得られます。積み立てで外貨預金を買い続けていて、今後、短期的にはドルが大きく下がりそうだと思ったときなど、ＦＸで「ドル・円」のショート（売り）ポジションを持てば、リスクヘッジとして利用することもできます。

――リスクもあるのですよね。

はい。メリットばかりでなく、リスクもあります。まず、レバレッジにより資金効率がいい反面、小さな為替変動でも読みが裏目に出ると、損失が急拡大することです。また、スワップポイントもドル買いのポジションならもらえますが、ドル売りでは同額か、それ以上のお金を払わなければいけません。

リスクを下げる方法としてレバレッジの倍率をかけない選択もできますが、その場合、運用できる金額は外貨預金と同じになります。

現実的にＦＸを利用する人は、ほとんどがレバレッジをかけた取引をしています。値動きによっては思わぬ損失を被る危険もあるので、あくまで余裕資金での取引にするべきだと思います。

資産運用や、まして老後資金を作るためにＦＸを利用することは、あまりおすすめできません。

――個人がＦＸに手を出すのは危険と聞きますが。

確かに為替や経済に関する知識が必要だと思います。ただ、これは逆説的ですが、ＦＸはリスクが高いため、ＦＸをやっている人は為替や経済について勉強している人が多いようです。勉強しないとあっという間に損をしてしまう危険があるからだと思います。私はラジオＮＩＫＫＥＩの番組で為替の解説をしていたことがあるのですが、セミプロのような専門的な質問もよくいただきました。ＦＸのような投機的な取引は、相場が上がるか下がるかを常に意識しないといけないため、為替に影響するニュースに敏感になるのです。経済指標もチェックするようになりますし、それらが為替にどう影響するかなど、常に勉強しなければいけません。その結果、自分自身が成長する。勉強というと抵抗があるかもしれませんが、それが楽しいと思えるなら、少額でもいいからＦＸをやってみる価値はあると思います。

――為替は上がるか、下がるか、変わらないか。確率は3分の1。比較的勝てそうな気がしてしまいますが、実際にはＦＸで損をする人が少なくないと聞きます。

そう簡単ではないですし、心理面も影響しているのではないかと思います。個人投資家はポジションを持つと不安になりがちで、本来は「利益確定までの距離は遠く、損切りまでは短く」としたいところですが、どうしてもその逆で、利益は小さく、損失は大きくなってしまう傾向があります。

損切りや利益確定のポイントを、相場に参加する前にきちんと決めておくこと、想定していた相場環境と大きく変わるようなら早めに撤退することが重要です。

プロのディーラーは1回で大きく儲けるタイプよりも、損失が小さくて、コツコツ利益を貯められるタイプの人がトータルでは勝っていて、うまいディーラーとされています。個人の方も、参考にされるとよいと思います。

――為替についていろんな方向から質問させてもらいましたが、為替は日常生活に密接に関係しているだけでなく、投資には不可欠な要素となっていることがよく理解できました。

これまでは貯金も日本の円だけで問題はありませんでしたが、インフレの時代になると、実質的なお金の価値が目減りしてしまいますから、為替の知識を上手に活かして暮らすと、人生がより充実するかもしれません。

ただ投資は自己責任だということは、最後に念押しさせていただきますね（笑）。

幻冬舎新書 731

為替ってこんなに面白い！

二〇二四年六月二十五日　第一刷発行
二〇二四年七月　二十　日　第三刷発行

著者　尾河眞樹

発行人　見城　徹
編集人　小木田順子
編集者　四本恭子
発行所　株式会社　幻冬舎
〒一五一-〇〇五一　東京都渋谷区千駄ヶ谷四-九-七
電話　〇三-五四一一-六二一一（編集）
〇三-五四一一-六二二二（営業）
公式HP https://www.gentosha.co.jp/
ブックデザイン　鈴木成一デザイン室
印刷・製本所　中央精版印刷株式会社

Printed in Japan　ISBN978-4-344-98733-3 C0295
お-31-1

＊この本に関するご意見・ご感想は、左記アンケートフォームからお寄せください。
https://www.gentosha.co.jp/e/